JN079119

# 落語キャラクター絵図

どんどんどんとこい
どんどんどんとこい

# 私にとっての落語

私の父は十代目金原亭馬生、祖父は五代目古今亭志ん生、叔父は三代目古今亭志ん朝。私は馬生の二女として生まれ、子供の頃は叔父も祖父と同居、祖父の家は我が家の斜め隣でしたので、落語家に落語にそして落語関係の本に囲まれた生活でした。大人になってからは、父馬生の運転手兼マネージャーを父が亡くなるまでしていました。ですからそれまでは、「落語」という文化を特に意識せずに生きてきたのです。

父が亡くなり落語の世界から暫く離れましたが、何かさっぱりした気分でした。子育ても一段落した頃から、また落語が聴きたくなり、父や祖父、叔父の噺に聴きほれ、落語の魅力を再確認。経験を積み、歳を重ねてから聴くと、若い頃に聴いた噺でも感じ方、物の見方が異なることを改めて実感し、また落語が大好きになりました。

落語はセリフや所作で、登場人物の気持ちや雰囲気、その場所の空気感までも表現する芸です。各演目の大筋は決まっていますが、それをどう演出するか、時代に合わせてどうアレンジするかは演者次第ですから、同じ演目でも変わってきます。それがわかると落語をさらに楽しむことができます。

落語は語る芸ですが、イラストと文章で「落語を見る」本にしてみました。キャラクターのイラストとあらすじで、想像をたくましく働かせて、新しい楽しみ方を発見してください。

落語という日本の庶民文化を通して、昨今、忘れてしまいつつある日本人の持つ人情、心の機微などを楽しみながら見直してみませんか。

祖父古今亭志ん生と祖母おりん。姉の池波志乃と私

日本文化推進企画
代表理事
美濃部由紀子

# 私にとっての落語

少年の頃、ラジオから流れてくる「落語」、「漫才」、「浪曲」は家族でよく聞いたものです。それがその時代の娯楽の主流だったので、子供心には解らないことがあってもワーワァ笑っていた気がします。なんの娯楽もない時代だったのです。

大人になりすべてに追われ、それどころではない時代が続いて、やがて今となり「落語」に再会し、その世界に前とは違った面白さを発見して、そのツボにはまりました。そこにこの「落語のイラスト」のお話をいただいたのです。

「落語」を絵や文章にするのは難しい、やはり「落語」は噺家のものであり。前に別の本で描かしていただいた「歌舞伎」は役者のものだと思う。

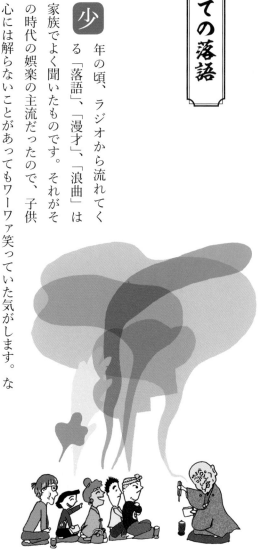

特に「落語」は演ずる人、聴く人それぞれのイメージの世界で、それを絵や文章にするのは、噺家さんより豊かなイメージを持たなければいけないけれど、それはとてもとてものことです。

聴く私たちに豊かなイメージを広げてくれる噺家さんが沢山いらっしゃいます。そのような方を「名人」というのではないでしょうか。皆に愛され残っていくのが「古典落語」だと思います。私の画のイメージは？と聞かれるとまだまだお恥ずかしい。

「落語」はもちろん、登場人物やストーリーも大きな魅力ですが、人間とは何か、その業はと、笑いに包んで問いかけてくる。ワハハッと聴き過ごせば良いのだが、そうもいかない。「落語」の奥深さはすごい。

今は笑いが必要な時、私も仕事が落ち着いた頃から再度、「落語」に出合ったことは幸いなことで。ますます楽しませていただきます。

イラストレーター
**辻村　章宏**

# もくじ

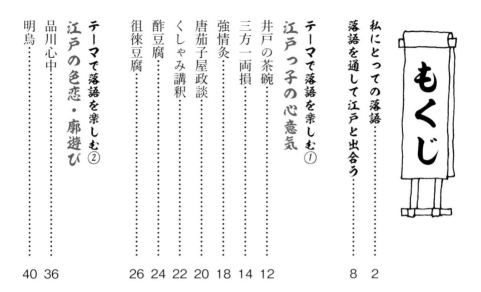

# 落語を通して江戸と出合う

約三〇〇年平和が続いた江戸時代。世界に類を見ない江戸という一〇〇万都市でイキイキと暮らす庶民たち。

どんな境遇でも与えられた場で精一杯生きる。

何があっても「てやんでぇべらぼうめ」と強がって威勢よく生きる。

落語を通して江戸の町をのぞき見し、彼らの生きざまを体感してください。


世知辛く閉塞感がある現代。地球環境、コロナウイルスなど厄介なことだらけ。

新しい生き方を模索していかなくてはなりません。そして、
今こそ日本人のアイデンティティを見直すことが必要なのかもしれません。

高度な社会システムと精神文化が江戸時代にはありました。

それは江戸庶民が長い年月をかけてつくり上げてきたともいえます。

江戸っ子気質「粋、意地、張り」を馬鹿馬鹿しい噺で気を抜きながら感じてもらえれば上出来です。

落語に登場するキャラクターたちは口が悪くても心根は優しく、
助け合い、相手を尊重し、謙虚なのですが、すっとこどっこいで粗忽者。
正直者やちゃっかり者は皆、自分の中にいたり周りにいたりと、
思い当たることがどこかにあるはず。落語の場合大袈裟ではありますが
家が狭かろうがお金や物が無かろうがそれは関係ない、
さっぱりと心豊かに生きていければ上等という生き方があります。

それでも現実は厳しく、モヤモヤしたり、ストレスがたまったりしたら、
江戸っ子気質を思い出して、威勢よく啖呵の一つも切ればさっぱりしますよ。
**「てやんでぇ！　こちとらぁそんなさもしい了見は持ち合わしちゃいねぇんだ！」**
**「てやんでぇ！　べらぼうめ！　しゃらくせぇが今回はてめぇの面立ててやるが、**
**次はないぜ、一つ貸しだぁおぼえとけ！　このすっとこどっこい！」**
ひとりの時は大声で、面と向かって言えない時は心の中で！

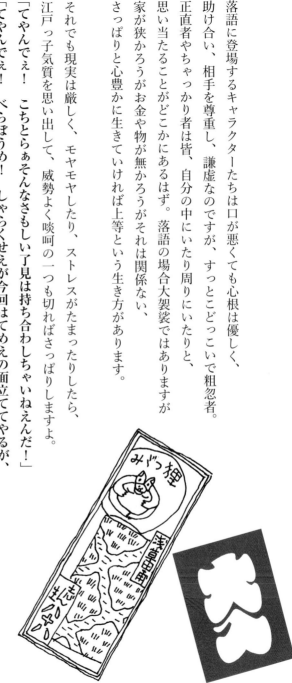

あめ
雷門

テーマで落語を楽しむ❶

# 江戸っ子の心意気

「出世するような災難には合いたくない」──。
そんな言葉が口をつく、江戸っ子の粋、意地、
気風、そしてちょっと本音も。
江戸っ子の心意気を味わってください。

# 井戸の茶碗

いどのちゃわん ｜ Ido no chawan

**正直者が三人集まると、夢のような話も正直の数だけ夢が大きく大きくなっていきます。正直者を応援するお噺です。**

こんな噺

「井戸茶碗」は朝顔の型をした高麗茶碗の一種で、茶器としては最高級品で、「一井戸二楽三唐津」といわれ、茶人には垂涎の的です。

正直一途な屑屋の清兵衛、貧しい長屋暮らしの浪人千代田卜斎から古びた仏像を買ってほしいと預かり、仏像は無事、細川屋敷の若侍高木に売れて、ほっとします。ところが、仏像を洗っていたら中から五〇両が出たという、何とも夢のような話しですが、正直者にとってはこれがかえって難儀になる。五〇両を手にした若侍は清兵衛に、「金を買ったのではないから返す」と言った。清兵衛も受け取るわけにはいかないと、双方一歩も引きません。それじゃと、売った張本人の卜斎

に金を持っていくが、卜斎も受け取ろうとしません。

　三人の正直者ではらちが明かず、大家に相談することに。大家の知恵は「卜斎が今一度品物を売って金を受け取る」というものでした。一同この知恵に納得。

　卜斎はいつも使っている飯碗をさし出し、飯碗は若侍の手に渡る。ひょんなことからその茶碗を一目見た細川の殿様は、

「なんとこれはかの名品井戸の茶碗ではないか」

と三〇〇両でお買い上げ。若侍は半分の一五〇両を卜斎に渡すが、またもや受け取らない。

「もう売るものはありませんが、娘を嫁にしていただけるなら支度金として受け取りましょう」

　若侍はこの申し入れを承諾。

「娘は器量よし、磨けば大した美人になりますよ」

「磨くのはよそう。また小判が出るといけないから」

# 三方一両損《さんぼういちりょうぞん》 ― Sanpouichiryouzon

筋の通らないお金は受け取れないという
江戸っ子気質に、南町奉行大岡越前守は
どんなお裁きを下すのでしょう。

**こんな噺**

「火事と喧嘩は江戸の華」といわれますが、江戸っ子気質が関係して、喧嘩が多かったのでしょう。江戸っ子言葉で啖呵《たんか》と啖呵の応酬。長屋の住人ならこれを収めるのは大家さんと決まってましたが、収まらない時は、奉行所に持ち込まれることもありました。

神田白壁町に住む左官職人の金太郎が柳原の土手で財布を拾います。中には金三両と印形と書きつけが。書きつけに「神田堅大工町　大工熊五郎」と書いてあり、金太郎は、熊五郎が困ってやしないかと、早速、熊五郎の長屋へ届けます。

「おめえが大工の熊五郎かい」

「そうだが何か用があるのか」

「用がなければこんな小汚いとこなぞ来るもんか」

　金太郎に財布を見せられた熊五郎、

「俺の懐から出たものは、もう俺の金じゃねぇ。印形と書きつけはもらっておくが、金は持って帰ってくれ。いい気分で飲んでたんでぇ。邪魔をしないでくれ」

　と。金太郎も負けてはいません。

「冗談じゃねえ！　俺ゃ、てめえの銭なんざもらっていく弱い尻はねえ」

「持ってけ！　まごまごしゃがると、ひっぱたくぞ」

「おもしれえ！　財布を届けてやってひっぱたかれてたまるもんか。殴れるものなら殴ってみやがれ！」

　金太郎がそういうと、熊五郎はほんとに金太郎の頭をポカリと殴り、大喧嘩に――。

　そこへ大家が止めに入るが収まらず、

何だ、何だ、
どうしったてえんだ。
ふたりともやめぬか。

**豆知識**

## 大岡様の名裁き

大岡越前守忠相、通称大岡様は名奉行としての誉れ高く、日本人が好きな人物像です。大岡裁きが江戸っ子を苦境から救い、胸をスカッとさせる噺が落語にもあります。本書で紹介の「三方一両損」や「唐茄子屋政談」がそうです。

「小間物屋政談」も大岡裁きが幸せをもたらす噺。人違いから店も女房も失ってしまった小間物屋が、大岡様の裁きで、大店の主人になった上に、美人の女房まで手に入れてしまうという、人生捨てたものではないという噺です。

ちなみに「政談」とは政治や裁きを題材にした話のことです。

頑固な熊五郎に大家も呆れ、

「大岡越前様に訴えて、お白洲で謝らせるから、今日のところは大家の顔を立てて帰ってくれ」

と、金太郎に頼みます。

自分の長屋に帰った金太郎は、自分の大家に事の次第を話します。金太郎の大家は、

「何を言ってやがる。大家といえば親も同然、店子といえば子も同然。その子がそんな目に遭って、親の大家の顔はどこで立つ。よしっ、こっちからも大岡様に訴えてやる」

と意気込む始末。双方から南町奉行所に訴えが出たところ、やがて呼び出しがきて、一同お白洲に並ぶはめになりました。

名奉行の誉れ高い大岡越前守が黙って双方の言い分を聞きます。熊五郎も金太郎も江戸っ子風を吹かせます。

「金なんざ、いらねえ。そんなもんがあるから、喧嘩が絶えねえんだ」

「金が欲しいなんてえ、さもしい了見は持ち合わしちゃいねぇ」

と、啖呵の応酬。そこで奉行が
「では、その金は大岡が預かりおく、良いな?」

と申すと二人は
「そうしておくんなせぇ」

と、口を合わせます。

「では、双方の正直さと潔癖さを愛で、奉行が一両足して四両とし、二人にそれぞれ褒美として、二両ずつ、つかわす。この儀は受け取れるか?」

「へへえー」

と頭を下げる一同。

金太郎、熊五郎、奉行の三方それぞれが一両の損で裁きは終わり、二人はめでたく仲直り。奉行の計らいで二人にご馳走が出ました。

「こりゃ、ご両人、腹も身のうちじゃ、あまり食すなよ」

「えへへ、おおかぁ（大岡）くわねぇ」

「たった一膳（越前）」

# 強情灸

ごうじょうきゅう ― Goujyoukyu

お灸で我慢強さを競うという
ばからしくも一所懸命な
江戸の男の噺です。

こんな噺

江戸っ子は五月の鯉の吹流し
口先ばかり腸（はらわた）はなし
江戸っ子の気質をいっていますが、強情で、負けず嫌い。我慢強く、男気を自慢にしております。

とある長屋に住む兄貴分、友だちから「横浜磯子の峯《みね》の灸に行ってきた」という話をされます。効き目以上に熱いと評判の灸。

「噂ばかりで大したことはないんだろ?」

「いや、ある。気の弱い人が一粒すえて、天井突き抜け逃げていった」

話は段々、この友人の自慢話になってきて。

「一粒一粒やるのはじれったい。二三粒、一度に乗せてやってくれと言ったんだ」

「それでどうした?」

「カチカチ山の狸が火を背負っているような熱さだったが、俺だから我慢が出来た、お前にゃあ無理だ」

　この一言で、頭に血が上った兄貴分。

「今からお前に灸の見本を見せてやる！」

　もぐさの袋からそっくり出して、丸く捏《こ》ねて腕にのせ、どうだとばかりに見せつける。

「茶饅頭みたいのがのっかっちゃって、それはのっけて置くだけか？」

　挑発されて勘弁ならんと火をつけた。

「米粒ばかりの灸で熱い熱いと自慢して、恥ずかしいと思うがいいぜ。石川の五右衛門のことを知ってるか？　四条の河原で釜茹でだ。釜茹でったって湯じゃねぇぞ、油がぐらぐら煮えたぎる中で辞世の句を読んだんだ。

石川や浜の真砂は尽きぬとも…

我泣きぬれて蟹とたわむる」

「それ違う石川さんじゃない？」

　とうとう熱さに耐えかねて灸を払い落した。

「いわんこっちゃない、熱かっただろう？」

「いやぁ俺は熱くないけど五右衛門はさぞ熱かったろう」

石川や浜の真砂は尽きぬとも…：
石川啄木作「東海の小島の磯の白砂に
われ泣きぬれて蟹とたわむる」

# 唐茄子屋政談《とうなすやせいだん》

Tounasuyaseidan

どん底に落ちた若旦那が人情を知り
逆に困った人を救うという人情噺です。

**こんな噺**

天秤棒ひとつで始められる商売「棒手《ぼて》振《ふ》り」は江戸のコンビニで、野菜、魚などの食料品から生活用品まで担いで町内を売り歩いていました。

道楽者で遊び好きの若旦那の徳さん、吉原通いがやめられずついに勘当に。啖呵を切って出てきたものの金の切れ目が縁の切れ目の吉原。無一文の徳さんは身なりも汚れ、橋の欄干から身投げを決意。ところが通りかかった叔父さんに、「何でもいうことを聞く」を条件に助けられます。三日振りに食にありつけ、すっかり元気になり、叔父さんから唐茄子売りの仕事をいいつけられますが……。

「棒手振り！　勘弁してください。知り合いに見つかったらみっともない」

「みっともないとはどの口が言う！　勘当されて身投げをする方がよっぽどみっともない」

叔父さんの怒りに、渋々、天秤を肩に売りに出かけますが、売り声は小さいは、体はふらつくはで、なんとも無《ぶ》様《ざま》な棒手振り。そこへ通りかかった男、見るにみかねて長屋の知り合いに声をかけてくれ、唐茄子は残り二個まで売れました。

後は自分で何とかしようと必死に売り歩くうちに、裏長屋のおかみさんが一個買ってくれ、残り一個はおまけに。

「今日の米もなく唐茄子を煮て子供に食べさせるつもりでした」

おかみさんの話を聞いた徳さんは身につまされ、唐茄子の売り上げをそっくり渡してしまいます。叔父さんはこの話を半信半疑で聞き、確かめに二人で長屋に赴くが、おかみさんは死んだという。徳さんが帰った後、大家が家賃代わりに金を取り上げたので、おかみさんは徳さんに申しわけないと首をくくった。

ケチな因業大家は長屋の住人を苦しめていたことを若旦那は暴き、幸いにおかみさんは一命を取りとめました。

この話はお奉行の耳にも入り、若旦那は褒美をもらい、江戸の町でも評判になります。人の親切にふれた若旦那はすっかり了見を入れ替え、勘当も許されました。

# くしゃみ講釈

くしゃみこうしゃく ― Kushamikoushaku

芸は下手なくせに客には横柄な態度の講釈師に
堪忍袋の緒を切った客が、どんな仕返しを考えたのでしょう？

こんな噺

講釈師は軍記などを読み上げて、客に聞かせる芸人。講釈専門の寄席もあったようです。天明年間に真山派、神田派、松林派などの系統が生まれ、隆盛期を迎えました。いつの時代もそうですが、名人上手もいれば、下手もおりました。

芸は大して良くない癖に威張り腐ったイヤな奴と思われている講釈師。芸のさなか、客に嫌味を垂れるほどです。恥をかかされて喜ぶ人はいないけれど、江戸っ子はことさらそれを嫌がりました。

この講釈師に何か仕返ししてやろうと、客が相談事を致しました。たとえ芸人を殴ったとしても、こっちが野暮だと笑われるだろう。あれやこれやと試案をした結果、決まったのは…。芸をやっている最中に、くしゃみ地獄に陥り、芸が出来ず、恥をかく、とまあこういう仕返しに決まりました。

講釈師は釈台を前に語るが、釈台の下は見えない灯台下暗しのようなもの。下が見えないのをいいことに、一番前に陣取って胡椒の粉を振りまけば、講釈師は芸を語るどころじゃありません。ハクション！ ハクション！ くしゃみ、鼻水、涙がボロボロ。

「やい！ くしゃみばっかりしやがって明日は来られねぇんだよ、今日中に噺の決着つけろ」

「駄目です、外からこしょう（故障）が入りました」

この時代のはやり唄。寄席でも合間に唄われることもあり、この唄を聞くのが大好きという客も大勢いたとか。

# 酢豆腐《すどうふ》 ― Sudoufu

「知ったかぶり」が悲劇を招く―

落語定番の楽しめる噺です。

こんな噺

夏盛り、町内の若い連中が暑気払い。一杯やろうと集まりました。酒はあるけど、肴がないし金も無い。ぬかみそ樽の奥の方に古漬けぐらいはあるだろう、それを生姜と細かく刻み、水にくぐらせキュッと絞って「覚弥《かくや》の香々」。これは乙だと話は決まりました。ところが、ぬか床をかき回し臭いがつくのがいやだと、誰もやらない始末。

「確か昨日の残った豆腐、一丁預けてあったはず」

ところが、預けた相手がバカと名うての与太郎さん。皿にのせたお豆腐を

酢豆腐：上方落語では「ちりとてちん」という演目名で、噺の内容も微妙に異なる。

## 豆知識

### 豆腐の料理本がベストセラーに

江戸中期の天明２年（1782年）に豆腐料理の専門書『豆腐百珍』が刊行されるやベストセラーとなり、これを機に次々と料理本が出版されました。書籍名の通り100種類の料理が紹介されていますが、木の芽田楽や湯豆腐など今でも馴染みの料理も随分あります。料理は同じで、現代語にした『豆腐百珍』も刊行されています。

鍋の中に入れ、蓋して仕舞っておいたから、夏の盛りのこと案の定、すっかり腐って酸っぱい臭い。捨てようとした時に、町内の嫌われ者の若旦那が通りかかります。知ったかぶりして通気取り、キザなうえにおかしなしゃべり方。からかってやろうと悪戯を思いつきます。

「通人でないとわからぬ舶来物をもらい、どうすりゃいいかわからない」

困っているから頼むというと、その気になった若旦那、腐った豆腐を目の前に息を止め、一口飲み込んだ。

「よく召しあがりましたねぇ、これはなんて食べもんです？」

「これは酢豆腐でげすな」

「なるほど、酢豆腐ねぇ。どうぞ遠慮なく、全部おあがんなさい」

「いや、酢豆腐は一口にかぎりやす」

「知らなかったなぁ（笑）、どんな味です？」

「腐った豆腐の味でげす」

# 徂徠豆腐

そらいどうふ ─ Soraidoufu

「情けは人のためならず」や「情けは無用」など
情けについて考えさせられる噺です。

**こんな噺**

江戸時代は士農工商と、人に身分がありました。一番威張っていたのは武士で、「花は桜木《さくらぎ》人は武士」ということわざがありますが、潔い武士の生き様は尊敬されていました。とはいうものの、武士というのは勤め人。仕える主がいなければ身分ばかりの浪人者で、食うや食わずになる者も随分といたようです。

ある町内の豆腐屋は、天秤棒を肩に裏長屋を回って、豆腐を売って歩いておりました。

「豆腐屋さん、豆腐屋さん」

呼び止めたのはふらふらになっているご浪人。豆腐を一丁買い、豆腐屋の目の前で、何もつけずにあっという間に豆腐を平らげてしまいました。

「豆腐屋さん、すまぬが今は持ち合わせがない。まとめて払う、また来てください」

さてあくる日も豆腐屋を呼び止め、何もつけずに豆腐をぺろりと食べて「まとめて払う、また来てください」と。三日目になると、さすがに豆腐屋も不思議に思い、浪人に訳を聞きました。

「実のところは、学者を目指し勉学に励んでいます。学問は、多くの人を助けることができるのです」

それを聞いた豆腐屋さん、「豆腐が好きで、立派な志を持っているこういう人こそ応援したい」と。しかし、豆腐を差し上げたいが、相手は侍、施しを受けてはくれないこともわかっていました。

「おからなら売り物ではございませんので、どうかもらってくださいな、豆腐は出世払いでいいですよ」

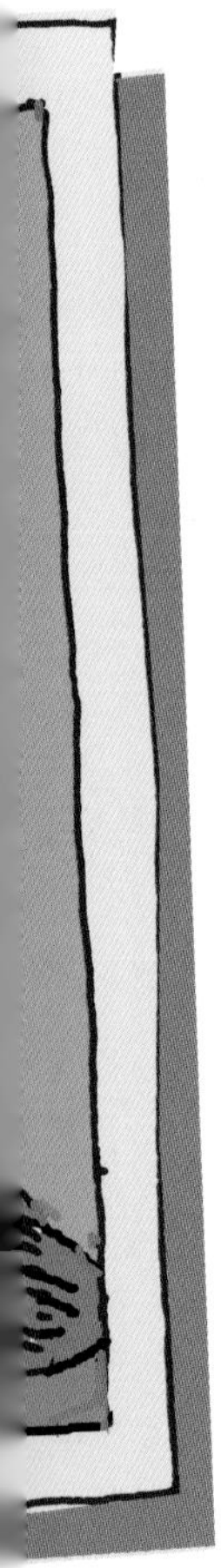

豆腐屋はそれから毎日おからを届けていましたが、風邪をこじらせ長く寝込んでしまいます。寝込みながらも心配なのはご浪人のこと。「おからを頼りに生きていたあの方、どうしているだろう」。

風邪が治って訪ねてみれば家はもぬけの殻。近所の人に話を聞けば、引っ越したとのこと。「心配だけれども、仕方ない」と、いつもの通りの仕事に戻り、それからしばらく経ちました。

お得意先も増えてきて、商売が起動に乗って喜んでいたその矢先に、近所からのもらい火で、家もお店も丸焼けに。着の身着のままで逃げ出して、路頭に迷ってしまいます。古い馴染みの親方を頼って夫婦で居候。やっと心も落ち着いてきた頃、大工が夫婦を訪ねて来ました。

「豆腐屋さんの大将ですね？　いやぁ、探しましたよ。新しいお店が出来ました。どうぞこちらに」

　と、突然言われて、何が何やらわからないままについて行くと、店のあった場所に新築の店と家が出来ているではありませんか。

「えぇ何だこりゃ！　夢じゃなね〜のか」

　呆然としているところに、ご立派なお武家様が訪ねてこられ、

「豆腐屋さん、お元気ですか？」

　と。さっぱり誰だかわからない。よくよく見れば、あの時のおからを食べてたご浪人。

「豆腐とおからの代金替わり、どうぞ受取りくださいな」

「何と立派にご出世なされて！　あたしがしばらく寝込んでしまって、心配して長屋に伺ったら先生は引っ越した後でした。お名前も伺ってなかったですし、いかがしておられるか、うちの奴と心配しておりやした」

「そうであったな、拙者の名は荻生徂徠と申す」

　名前を聞いたその途端、豆腐屋の顔色が一変。丁度その頃、江戸では赤穂浪士が討ち入りを果たし、よくやったと江戸っ子は大喝采。義士たちはヒーローになっていました。ところがその後、切腹というお沙汰が下り、このお沙汰に導いたのが、将軍のご用学者を勤める荻生徂徠その人だったのです。

「こんなものは受け取れねぇ」

　と怒り出す豆腐屋。

「まあ聞け、以前豆腐屋さんはただ食いした自分を出世払いといい、盗人となる私を救ってくれた。法を曲げずに情けをかけてくれたから、今の私がある。私も学者として法を曲げずに、浪士らに最大の情けをかけたのだ」

「何で切腹が情けなんでぇ」

「武士たるもの、美しく咲いたなら見事に散らせるのも情けのうち、武士の刀の大刀は敵のため、小刀は己のためにあるのだ。切腹は武士の情けだ」

　徂徠は法の道理と武士の道徳を諭しました。

「あぁ自分が浅はかでした。酷い口をきいてしまい、申し訳ございやせん、ありがたく頂戴致します。先生はあっしのために自腹を切って下さった！」

　それからはここの豆腐を食べたなら出世が出来ると評判に。荻生徂徠の名前を取って徂徠豆腐と呼ばれたそうな。

儒学

# 令和の我々とどこが違う？ 江戸っ子気質

江戸っ子は男も女も「粋と意地と気風《きっぷ》の生きざま」を何より大事にしていました。合わせて江戸っ子気質ですが、落語の演目から感じる私なりのイメージでわけてみました。

江戸の庶民文化をイキイキと伝える落語を通じて、江戸っ子気質を探ってみましょう。他人への思いやり、弱者への配慮、謙虚さ、優しさがその気質の根底にあると思います。

身分制度もあり、暮らしも今より不便であった江戸庶民。意地を張り、粋を貫くために、時には損をしたり悔しい思いをすることもあったでしょうが、貫き通すことに、彼らの美学があったと思います。

## 粋

江戸時代によく使われた言葉に「粋でいなせ」がありますが、どちらも気風がよくカッコいいという意味で、いなせは威勢がいいも加わります。

落語に登場する粋な人は多くいますが、「唐茄子屋政談」の若旦那を助ける叔父さん、「佐野山」の大横綱、谷風梶之助、「佃祭り」の小間物屋の旦那がそのよい例です。

豪華な物ではなく、小ざっぱりした身なりをして、洒落た清潔感のある色気を持ち、私利私欲に捕らわれない。そんなイメージがある面々です。

粋は男性ばかりに使われる言葉でありません。「粋な女」は洗練された身なり、落ち着いた色気、そして男性の目を惹くだけでなく同性からも慕われる女性です。

「佐野山」江戸の名力士無敵の横綱谷風梶之助は粋で男前。強いだけじゃない、困っている仲間のために、自分が負けても助けるなんて大した器量です。粋な横綱、ほれぼれするねぇ。

「佃祭り」小間物屋の旦那治郎兵衛は祭り好き。佃祭りに出かける身なりは、黒紗の羽織、白薩摩の着物に小倉の帯、のめりの下駄と粋な姿。粋なのはナリだけじゃない。人を助けるために惜しげもなく大金をポンと出し名前も告げずに去っていく。なんて粋な男だねぇ。

「唐茄子屋政談」親戚の勘当息子を一人前にする叔父さん。厳しい言葉の裏に隠した愛情が見え隠れする江戸っ子。一度手をつけたことは最後まできっちりやり遂げる粋な男。家族で聴きたい人情噺です。

## 意地

自分がやせ我慢しても、他人の難儀に出くわしたら何としても助けないと気がすまない。一歩も引かない江戸っ子の意地があります。人情噺「文七元結」の左官の長兵衛や「三方一両損」の左官の金太郎、大工熊五郎らは金に執着しない意地っ張り。「たがや」のたがやは権力に全力で立ち向かう。皆、清明で潔く、与えられた人生を自分らしくイキイキ生きる。そんな意地と張りを持っています。

「文七元結」左官の長兵衛、自分が招いた事だが人生のどん底。そんな時こそ本当の了見が試されます。娘の人生と他人の命が同じ金額とは、到底できない選択ですが、意地を貫き通します。究極の選択をせまられた時、何を信じるか？

「たがや」大川川開きの花火が威勢よく上がります。花火のような命がけで。理不尽な事に弱い立場のたがやが、まさに命をかけての意地を張り続けます。花火と共に武士の首が飛んで、応援していた庶民は「たがやー」。

「三方一両損」江戸っ子に大人気の奉行大岡様の粋なお裁き。ほれぼれするねぇ、いい男！熊五郎と金太郎、ばかな意地でも張り合ってしまえば、どっちも引かない。そこが江戸っ子。大岡様の粋な裁きがなければ、この意地は到底収まらなかったでしょう。

## 気風《きっぷ》

気風がいいというのは、さっぱりとした気性です。昨日を悔やまず明日を憂えず。自分の生きたいようにやりきる人をいうのでしょう。「火事息子」の徳三郎、「お祭り佐七」の佐七はどちらも鳶。「文七元結」の女将も、それぞれの仕事で気風の良さを見せてくれます。

自由に生きるというのは強い責任と覚悟がいることを、改めて思い起こさせられます。

### 「火事息子」「お祭り佐七」

半鐘がジャンと鳴れば、いろは四十八組の町火消しは揃いの袢纏《はんてん》、纏《まとい》を担ぎ、町人を火事から守る使命を胸に火事場に駆けつけます。身体中の入れ墨は威勢を示す男の誇り、命がけで火焔に立ち向かう江戸の華。

鯔背《いなせ》、勇み肌。威勢のいい若い男が憧れるのは無理もないことです。

でも「火事息子」の徳三郎のように大店の倅となると、親の反対は当然のこと。それでも自分の生き方を曲げず、勘当されても貫く気風の良さが、このふたり、徳三郎と佐七にはあります。二人とも女の子がほっときはしないでしょう。

### 「文七元結」

またもや登場の「文七元結」。吉原の大店、佐野槌の女将もほれぼれする気風の良さです。どん底まで落ちた左官の長兵衛の了見を心の底から改めさせる器量がある。さすが大籬（おおまがき　吉原で最も格式のある遊郭）を仕切る女将の気風です。

江戸瓦版

## 川柳・ことわざで知る 江戸っ子の暮らし

「火事と喧嘩は江戸の華」。江戸っ子のイキの良さを表すことわざとして知られていますが、大勢の人がひしめく江戸の町は、とにかく火事が多かったそう。江戸時代二六四年の間に、一〇〇件以上もの大火が起こり、日本橋界隈では二年に一度は大火事に見舞われたといいます。

そんな大火も繰り返し起こると、日常のひとコマ。「対岸の火事」や「高みの見物」よろしく火事見物を楽しみ、火事現場にいの一番に現れては、屋根の上にひょいと上り、纏《まとい》を振り回す華々しい町火消しの活躍に夢中になりました。「火事息子」の若旦那もその一人ですね。

当時は火消しといっても、延焼を防ぐことが最優先。風向きをいち早く察知し、燃え移る前に家々を壊していくのが主な仕事でした。火消しの大男たちが次々と家を引き倒す様子は、江戸の喧嘩よりも迫力があったことでしょう…。

一度、火事に見舞われれば、コツコツ貯めたお金も灰になる。江戸っ子が「宵越しの金は持たない」ようになったのは、そのせいとも。ただ、大火の後は復興バブルにわき上がるのが世の常。大工や鳶などの職人たちはどこへ行っても食いっぱぐれず、お金に執着しないことから、「江戸者の生まれ損ない金を貯め」という川柳もあります。

金離れのいい江戸っ子たちも、七五日寿命が延びるといわれた縁起のいい「初物」には執着しました。新そば、初鰹は大金を払ってでも手に入れるのが江戸っ子の粋。「女房を質に入れても初鰹」。我先にという見栄っ張りな面もあったのでしょう。

あめ
祭
雷門

テーマで落語を楽しむ2

# 江戸の色恋・廓遊び

落語の登場人物は、吉原遊郭に憧れています。

そこから生まれる人情噺は心に沁みるものも。

「え、江戸に生まれればよかった！」。

一目惚れ、間男…。江戸の色恋をのぞいてください。

# 品川心中

しながわしんじゅう ― Shinagawashinjiyu

**気楽に遊べる品川宿は庶民に大人気。その白木屋で女郎の板頭（ナンバーワン）を務めるお染さんの噺です。**

こんな噺

板頭《いたがしら》のお染さんも近頃は寄る年波で、人気は下り坂。若い子たちにも馬鹿にされ、「移り変えも出来ないようじゃ何が板頭さ」などと陰口をたたかれる始末。移り変え（衣替え）には、新しい着物をあつらえて、店の皆にご馳走し、小遣いを渡す決まりがありました。

板頭ともなるとかかる費用は約四〇両（約三六〇万円）。馴染みのお客に無心する手紙を出しても、返事はなしのつぶて。勝気なお染は、「あー嫌だ！いっそ死んじまおう。でも金に困って

死んだなんてみっともない。そうだ！　心中すれば粋な浮名が立って死に花が咲く、誰か丁度いいのがいないかな？　あ、いた！　貸本屋の金蔵だ！」と。

お金はなく、お染にべたぼれの金蔵を心中相手に選び、早速呼び出します。喜び勇んで飛んで来た金蔵に、お染は涙を浮かべて話をします。

「私はもう、死んじゃおうと思って、最後に、金さん、お前さんの顔が見たかったんだ」

驚いた金蔵はすっかり頭に血が上り、

「お染、お前がいなかったら生きてたって仕方がない、一緒に死のう！」

お染の術中にはまり、手玉に取られた金蔵。決行するのは明日の夜。

こいつを逃がしてなるものか――お染はその晩金蔵に大サービス。お染にこんなに優しくされたことがなかった金蔵は、翌日ボーッとなって帰って行きました。

家に帰った金蔵は家財道具全てを売り払い、白装束と匕首《あいくち》を買い、世話になった親分にも挨拶に行きました。

ところが、頭が真っ白になっていた金蔵は、匕首を忘れてしまいます。品川宿に着いたものの、時刻がまだ早い。「あの世まで金を取りに来ることもないさ。この世との別れをしよう」と、最後の贅沢に、飲み食いしたあげく、鼻提灯で寝てしまいます。

夜も更けてお染に起こされ、「もうこれ以上食えねぇ」と呑気に寝ぼけている始末。

さて、死ぬ段になり、匕首を忘れた金蔵は、話をするうち怖くなりすっかり腰が引けてしまう。

お染に連れられ店を出て品川の海の船着場へ。あたりは真っ暗闇、桟橋を恐々歩く金蔵。

「金さんが…。桟橋は長いよ！」

「命は短い！」

そのとき店から呼ぶ声が

「お染さーん」

　捕まっては大変と、

「金さん！先にいっとくれ！」

　金蔵の背中をドンと押す。ドボン！

さあ自分もと思った途端、店の男衆に止められる。

「お客が金を五〇両持ってきてくれたんだよ、死ぬことはない」

「そうなの!?　もう一人先に行っちゃったよ」

「相手は誰だい？」

「貸本屋の金蔵」

「金蔵ならいいよ、俺が黙ってりゃ」

「それもそうだね、ごめんね金ちゃん、そのうち行くから。失礼します」

　こんなに失礼なことはない。

　品川の海は遠浅で、立てば膝までしかない深さ、実は生きてた金蔵さん。これから仕返しするという、品川心中の噺はまだ続きます。

# 明烏《あけがらす》 — Akegarasu

**遊びのひとつも知らない堅物の若旦那、たった一度の吉原遊びで変貌。噺の後日談が知りたくなります。**

**こんな噺**

落語の「明烏」は新内の「明烏夢の泡雪」が下敷きになっています。いつの時代も親というのは難儀なもので、倅が道楽者なら、少しは真面目になってほしいと願をかけ、倅が堅物で生真面目すぎると頭を抱える。どうにも上手くいかないもののようです。

商家の倅、時次郎。一九になるが真面目で堅物。家にいるなら本の虫、たまに表に出た時は小さい子供と一緒にはしゃいでいる始末。

　堅物すぎると心配をした旦那が、町内の札つきのワル二人、源兵衛、太助に吉原に連れて行き、遊びを教えてくれと頼みます。

　若旦那に吉原と言ったらついては来ないだろうと、「お稲荷様へお参りに行きましょう」と言葉巧みに誘い出す。若旦那、旦那にいわれ身なりも整え、お金も持たせられ吉原にやってきました。吉原大門は鳥居、茶屋の女将は巫女とごまかして上手くいっていたところに、花魁道中。もういけません。すっかり怖がって「帰る帰る」とグズりだす若旦那。源兵衛、太助は、「大門では出入りの人を数えている。一人で帰ったら大門で止められますよ」と嘘をついて引き留めに成功。やっとのことで楽しい酒宴が始まりますが、若旦那は部屋の隅でしくしく泣いてる。「もう嫌だ」と、ワル二人は花魁に若旦那を預けて夜更けまで飲み直し。

　カアー　カアー…。宴の後のむなしさを知らせるかのような朝の烏の鳴き声。むなしく目覚めた二人が若旦那を迎えに花魁の部屋を訪ねると、布団に入って出てこない。「帰りますよ」と声をかければ、「花魁が、あたしの体を足でぐっと押さえて離さない」。ノロケまで飛び出すほどの若旦那の変貌ぶり。仕方がないので源兵衛は

「若旦那、すっかり遊びを知りましたね。あたしらは仕事があるから帰ります。ゆっくりしなすってください」

「あなた方、帰れるならば帰ってみなさい。きっと大門で止められますよ」

カアー
カアー

# 錦の袈裟《にしきのけさ》

Nishiki no kesa

何でも競い合う町内同士が吉原遊びで、ことあろうにかっぽれ踊りを競うことになりました。

## こんな噺

江戸八百八町といわれるほどに、たくさんの町内があり、江戸中期には約千町あったそうです。負けず嫌いな江戸っ子は、隣町の連中に負けちゃならぬと見栄を張り、粋を競っておりました。

ある町内の若い衆が噂を聞いて腹を立てています。隣町の連中が近頃、吉原で芸者を揚げて大騒ぎ。着物を脱ぐと緋縮緬《ひちりめん》の揃いの長襦袢《ながじゅばん》を着て、かっぽれを踊るというのです。隣町の連中が、「隣町のやつらにゃこんな粋なまねはできまい」と言っていたと聞いては、こっちも負けてなるものか。

「今夜みんなで吉原へ繰り込もう」

と話は決まり、さて趣向はというと

「こっちは錦の下帯揃えて踊ってやろう」。錦は高いが質屋に交渉して、流れた錦を借りることに算段はついたのですが、与太郎の分が足りない。与太郎のかみさんは気が強いからそこをくすぐって支度をさせようと。

「与太郎は趣向の用意ができないから来られないだろう」

と言われたかみさん、案の定腹を立て、思案をめぐらして。

「お前さん、和尚さんに借りといで」

「和尚さん錦の褌しているの?」

「そうじゃないよ。和尚の着てる袈裟《けさ》は錦で出来ている。それを借り、内緒で股に巻いちゃえばいい」

乱暴ではあるが他に思いつく手はなし。上手く和尚を丸め込み、明日の朝には必ず返すと約束して袈裟を借りて来ました。

上手く股間に巻いたものの、袈裟輪が股でブラブラ揺れ、仲間の錦の褌よりも随分派手で物がいい。座敷に上がって一杯飲んで、予定通り錦の揃いの褌で、かっぽれ踊って大騒ぎ。それをのぞいた店の人、

「あれはきっとお大名、隠れ遊びに違いない。あんな高価な褌を締めているのがその証拠。中でも輪っかを着けている、あれがきっとお殿様。あとは家来だ。家来はどうでもいい」

朝になり、大一座、振られた奴が起こし番。皆そっくり女に振られ、帰る時分に与太郎の姿が見えぬのに気づきました。

部屋を探せば、女としっぽり寝ている与太郎が。悔しい連中、与太郎を置いて帰ろうとすると、与太郎も後を追いかけたいのは山々なれど、女が抱きしめ離さない。

「のぅ御前、主は今朝帰しません」

「袈裟返さない? お寺しくじっちゃうよ」

# 紙入れ《かみいれ》 — Kamiire

「知らぬは亭主ばかりなり」で、首がつながった運のいい男の噺です。

**こんな噺**

色恋沙汰のひとつ、主ある花に手をつけるのは今も昔もあるようで。人の女房に手をつける男は間男と呼ばれますが、亭主が先に間男に惚れ、良い奴なんだと女房に紹介したことで、こんなドラマが生まれました。

出入り先のおかみさんから手紙をもらった商人新吉、ほとほと困っています。手紙の内容は「今夜は旦那が留守だから、どうぞ遊びにいらっしゃい」

という、いかにも怪しい雰囲気が漂っていて行きたくないが、いつも世話になってるからと、渋々お店へ出かけ

ます。案の定、酒と肴が用意され、酒を飲まされたあげく泊まっていけと誘いの言葉。帰ると言うと
「旦那の留守に新吉が来て私を口説いたと言っちゃうよ？」

と、脅かされます。腹をくくってがぶがぶ飲めばすっかり気分が悪くなり、布団に横になったら、その気になったおかみさんが布団に入ってきた。その途端に、

「今帰ったぞ、早く開けてくれないか」

と、まさかの旦那の声。おかみさんは気転を効かし、裏から新吉を逃がしてやってひと安心。ところが、あわてた新吉は、旦那にもらった紙入れをすっかり忘れて置いてきてしまった。

「なんということをしてしまったんだ。もうこれまでだ夜逃げをしよう…。でも待てよ。まだバレたと決まってないし、明日様子を見に行って、それから逃げても遅くはないだろう」

根が呑気な新吉はその夜は眠りにつき、あくる朝早くに旦那を訪ね、暇乞いをします。

「おい新吉、なにか訳があるんだろう、言ってみろ」

どうやらバレてない様子、名前と場所をごまかして、昨夜の出来事を旦那に話しました。

「なに新吉、お前はまだまだ若いんだ、女のことならどんどんやった方がいい」

「ねぇ新吉さん、考えてごらん。亭主の留守に、良いことしようという女だよ。忘れ物、見つけてそっと隠しておいて、後で渡してくれますよ、ねぇ旦那、そうでしょ？」

「そうだとも。もし見つけても、てめぇの女房を取られるような間抜けな亭主だ、そこまでは気がつくまいよ！」

紙入れ：この噺のテーマでもある紙入れは、江戸の頃は紙幣を入れる財布でもあり、鼻紙や書きつけ、楊枝などちょっとした物を入れておく小物入れでもあった。

豆知識

### 間男をするのは命がけ

夫のある女性と関係を持つ男性を間男といいますが、これは「夫婦の間に入ってくる男性」というところからついたようです。

江戸時代には、夫が妻の姦通の現場を捉えたなら、殺しても罪にはならないという法律が。新吉も危機一髪でした。ただし、密通を内密にして、示談金で処理するケースもあったそうです。

# 幾代餅《いくよもち》 ｜ Ikuyomochi

「傾城に誠無し」とは誰が言った。
正直者はバカを見ないというお噺です。

傾城に誠無し：「傾城」とは国を傾かせるほどの絶世の美女のこと。この噺では「遊女は客に誠意をもって接するはずがない」という意味だが、そうではないというのが噺の主題だ。

こんな噺

搗《つ》き米屋の奉公人清蔵は具合が悪いのか、ご飯も食べず寝込んでいます。医者に診せても病はなく、よくよく話を聞き出せば、錦絵で見た吉原の幾代太夫に恋煩い。困った親方、一年みっちり働いて、金を貯めたら逢わせてやると、口から出まかせの約束をしてしまいます。

さてそれからの清蔵は、来る日も来る日もがむしゃらに働き、早一年。親方は清蔵に言ったことを思い出し、一年貯めたお金に色をつけて清蔵に渡し、遊び上手の医者に指南を頼み、すっかり段取りが出来上がりました。奉公人の名目じゃ、話にならないだろうと、身分は若旦那に。会えない事もあると知りつつ、向かってみれば太夫は手隙。清蔵はまるで夢心地。だが、楽しい時間は矢の如しで、あっという間に帰る時間に。

「清蔵さん、次はいつ来てくんなます?」

社交辞令に別れを惜しむ幾代太夫。

「一年経ったら参ります」

「それは随分遠いじゃございませんか」

「一年みっちり働いて、金が出来たら参ります」

「働くなんて、若旦那から聞くような言葉とはとても思えません」

「ねぇ花魁。あっしは嘘を言いました」

気持ちと事情を正直に話した清蔵の真心に、今度は幾代太夫が惚れ込んだ。

「来年の三月になれば年季が明け、晴れて自由の身の上で、どうか女房にしてください」

帰った清蔵は夢うつつ。親方夫婦に話しても、そんなの嘘だと信じてくれない。清蔵はとにかく一生懸命に働いて、月日が経って三月に。搗き米屋の前に駕籠が止まり、中から文金高島田の嫁入り姿の幾代太夫が。親方の計らいで、二人で餅屋を始めました。そこで売り出した「幾代餅」は江戸名物になり、二人は末永く仲良く暮らしたといいます。

# お見立て《おみたて》 — Omitate

**好いてほしいが、ほしくない男に好かれるといい迷惑。あの手この手で逃げようとします。**

こんな噺

例え客でも嫌なものは嫌だという花魁、そんな花魁の心が読めない客。こういう場合、一番被害を被るのは真ん中にはいったヤツと相場は決まっています。

吉原の喜瀬川花魁。大金持ちだが田舎者の杢兵衛《もくべえ》大尽《だいじん》は花魁のもとにせっせと通ってくるが、花魁は嫌で嫌でたまらない。「虫唾《むしず》がはしる」というのだから仕方がない。杢兵衛大尽はというと、これほどに嫌われていることに気がつかず、年季が明けたら夫婦に

見立てる:「選定する」という意味。遊郭では「客が相手をする遊女を選ぶ」という意味になる。「別のものになぞらえる」という意味もある。

と、独りよがりの思い込み。

今日も杢兵衛大尽がやってきた。花魁は困り果てて若い衆の喜助に、

「病気だといって追い返しておくれ」

と。これを聞いた杢兵衛大尽、

「そりゃ大変だ、すぐに見舞いに」

としつこい。「客の見舞いは吉原では御法度」と言って帰ってもらうが、またやってきた。ついに
「花魁は死んでしまった」

と告げると、

「そりゃ墓参りに行かなくちゃ。案内せよ」

と、めげる様子もなく喜助にせまる。困り果てた喜助は、適当な寺に連れて行き、線香と花をどっさり買い込む。あそこだ、ここだと、大尽を振り回し、線香を松明のように焚いて、煙にまこうという魂胆なのか。

「年代が違うじゃないか。ほんとの墓はどこだい」

「へえ、よろしいのをひとつお見立てを」

# 二階《にかいぞめき》ぞめき

Nikaizomeki

**自宅の二階に吉原の見世構えをつくってしまったというあり得ないから面白い噺です。**

こんな噺

遊郭吉原の大門を入ると茶店がずらりと並んでいます。その茶店の表には格子になっている張見世があり、遊女は中で客待ちをし、客は格子の外から遊女を品定め。演目の「ぞめき」とは「ひやかし」のことで、客が遊女をひやかしながら歩くことを意味します。

道楽者で通っている大店の若旦那。三度の飯より吉原通いが大好きで、今や勘当寸前。心配をした番頭さんが話を聞いてみたところ、

「番頭さん、俺は遊びや女が好きなんじゃない、あの風情が好きなんだ。もし吉原を家にもってきてくれれば、吉原には行かないよ」

これには番頭さんも驚いたが、どうやら毎晩、張見世の格子から遊女を品定めするひやかし好み。ならば吉原を家の二階に建て増してそこに通ってもらえばいい。番頭さん、妙案を思いつき、旦那と相談して実現の運びに。

それからしばらく経って、細部にまで手の込んだ張見世が二階に出来、若旦那も大喜び。夕刻になると身なりを整えて二階に上がり、格子の前でひやかしているつもりが始まりました。

ところが、当然ながら若旦那以外に人はいない、さみしい空気です。そこで若旦那一人芝居を思いつきます。品定めをしていたら花魁に誘われる。断ってもしつこく誘われ、とうとう口喧嘩に。仲裁に入る者がいて、今度はその者と喧嘩に。すっかり芝居に夢中になっている若旦那、色恋沙汰で一人で揉《も》めて、一人で喧嘩をする始末。

二階の大声が気になった旦那が、小僧の長吉を見に行かせます。

「ここで死ぬなら本望だ、さあ殺せ！」

と大騒ぎしている若旦那に、びっくりした長吉が止めに入ります。

「若旦那！ なにしてるんです！」

「お前は丁稚の長吉か。この吉原で会ったこと、親父には内緒にしておくれ」

# 崇徳院《すとくいん》 | Sutokuin

和歌が恋の橋渡しをするという噺ですが、江戸庶民の文化度の高さがわかります。

こんな噺

小倉百人一首の詠み人のひとり崇徳院の和歌が、江戸っ子たちに大人気でした。悲劇の人生を送った人に味方する江戸っ子の気質の表れでもあるのでしょうか。

ある商家の若旦那、ここ二〇日ほど具合が悪く食事ものどを通らない。医者に診せても首をかしげるばかり。若旦那は誰にも会いたくないというが、昔馴染みの熊五郎なら話をしてもいいというので、枕元に呼ばれた熊五郎が話を聞けば、なんと病の原因は恋煩い。上野の清水観音堂にお参りに行った折、ばったり会った品の良いお嬢様に一目惚れ。誰かはわからないが、別れ際に崇徳院の和歌の短冊を渡されたというのだ。

瀬を早み岩にせかるる滝川の

短冊には上の句だけが書かれているが、熊五郎にはちんぷんかんぷん。

「下の句は、われても末に逢わんとぞ思う。今は別れてもいつかきっと逢って添い遂げた

崇徳院：平安時代、鳥羽天皇の第一皇子として生まれ、崇徳天皇となるが貴族の内部抗争に敗れ、讃岐に配流され、再び都に戻ることなく没する。

い、という意味です」

　若旦那の説明を聞いて、病の原因に納得した熊五郎は、旦那に知らせたところ、

「もしその娘を見つけてくれれば、三軒長屋をお前にくれてやる」

　旦那からはっぱをかけられ喜んだが、手掛かりは歌の短冊ただ一つ。探す場所すら見当つかず、毎日ぶらぶらするばかり。困っているとかみさんが、「人の集まる床屋にお行き」と助け船。

　方々の床屋をめぐっては、上の句を大声で読んだが見つからない。もうフラフラになっていたところ、一人の男の話が耳に飛び込んでくる。なんでも恋煩いをしたお嬢さんのために、相手の若旦那を探しに、日本中をめぐるところだという。それを耳した熊五郎は思わずその人に飛びかかり、三軒長屋の執念でしがみついての大喧嘩。勢いあまって床屋の鏡が粉々に。

「きっと弁償してくれよ！」

「割れても末に買わんとぞ思う。」

恋煩いで寝こんでしまった若旦那。
崇徳院の和歌で頭がいっぱいです。

江戸瓦版

# 廓通いは命がけ？

## 吉原

吉原は幕府公認の遊郭でした。始めは現在の人形町にあり、その後、浅草寺裏の日本堤に移築されました。

最高級の花魁が美しさを競い、客を迎える花魁道中は吉原のメインイベント。一目見ようと黒山の人でした。最高級の花魁と遊ぶには、お金・格式・品格の三拍子が揃っていなければダメ。花魁もきれいなだけでなく、教養が要求されました。

ちなみに、江戸の遊女は客を振ることが出来ました。本書で紹介した「お見立て」がそうです。京都や大阪の遊郭ではご法度だったそうです。玉代や酒代は店に上がった時に先払いするのがルール。「ちょっと他の座敷を回って来るわね」と言ったまま、次の朝まで戻らない。落語に、廓で女に振られたという噺がありますが、こういうことなのです。

翌朝、遊女が「あらぁもう帰るの」と現れるが、ここで「なにおゥ！　てやんでェべらぼう

こんな噺

女だって、強くなくちゃぁ、やっていけません！

**五人廻し**

喜瀬川花魁は上手に男を手玉に取る強者です。上等な花魁ではないことは、廻し部屋を使うことでもわかります。さすがにしたたか。

「旦那すみませんがもう一人分だしておくれな」

「どうするんだ？」

「それをもらって、改めておまはんにあげますから、それ持って帰って」

め！」などと言ったら、野暮な奴だと言われ、江戸っ子の恥になるので、グっと我慢をします。

「いいんだよ、又来るよ」

「あらぁきっとよ」

と、花魁に背中を思い切り叩かれれば、「もう来るな」というサイン。騙《だま》されるとわかっていても、いつか思いが通じるだろうと、男たちはせっせと通うのです。

男を騙すのが商売。そんな花魁の落語は、「五人廻し」の喜瀬川、「三枚起請」の小照。

闇の夜に吉原ばかり月夜かな　其角

「二階ぞめき」の若旦那のように、吉原の雰囲気の中にいるだけでよい、という人もいたようです。

また、花魁の手練手管で身を持ち崩す若旦那は沢山います。落語「唐茄子屋政談」、「湯屋番」、「舟徳」などです。

## 江戸の四宿　岡場所

品川宿、内藤新宿、千住宿、板橋宿は幕府公認ではなく、元々は江戸に出入りする最初の宿場です。町には多くの旅館があり、飯盛女という隠れ蓑で遊女が働いていました。気楽で安いから庶民の人気が高まり、岡場所と呼ばれるように。吉原に飽きた粋人にも人気で、最盛期には吉原を凌駕《りょうが》する勢いでした。

### 【三枚起請】

小照花魁は、三人の客に起請文《きしょうもん》を書いたが、三人が知り合いでバレてしまう。堂々と開き直ります。

「こっちは、騙しますって看板で商売してるんだ。騙される方が悪い」

「何だと！　嘘の起請文で熊野の烏が三羽死ぬってんだ。このバチあたりめ」

「フン、あたしゃ世の中の全部の烏殺して、朝寝がしたいんだよ」

### 花魁のために身を持ち崩す若旦那たち

#### 【唐茄子屋政談】【舟徳】

この噺の若旦那は了見を改めますが、「湯屋番」の若旦那には、呆れたおかしさがある居候界のチャ品川宿が舞台になった噺では「品川心中」、「居残り佐平次」があります。「品川心中」はお金を騙し取られるなんて生易しいものでない、命を取られそうになる、まさに命がけの廓通いです。他の三宿は、芝居や落語などに取り上げられなかったためか、話も残っていませんが、繁盛していたそうです。

## 深川の岡場所と辰巳芸者

吉原に匹敵する独特の文化を持ち、吉原から見て辰巳の方角にあることから「辰巳」と呼ばれていた深川の岡場所。遊郭は全盛期には二五ヵ所もあったそうです。

深川は粋で気風のいい材木問屋が多くあり、大尽が軒を連ね、廻船問屋もありました。そこでの働き手は男衆ばかり。当然のことながら、岡場所は大いに湧きました。

紀伊国屋文左衛門も深川材木商として、富岡八幡宮に金の神輿二基を奉納しています。

高級料亭も多く、そこに呼ばれる辰巳芸者は、芸は売るけど色は売らない、意地と張り、気風の良さが自慢。羽織芸者とも呼ばれ、○奴○太郎などと男名前をつけていました。

彼女らが醸し出していた凛とした空気は、今も変わらず残っています。

---

ンピオンです。自惚れ屋で自分勝手。居候をさせてもらっても、申し訳ないと毛の先ほども思っていない。湯屋ならばと奉公に行くも、能天気な空想が止まらない。どこまで行くのでしょう?

### 廓噺番外編

## 居残り左平次

「居残りを商売にしている佐平次たぁ、オレのことよ」

佐平次も能天気だが、居残りを職業にしているだけあり、気転が効くし、何しろ良く働く。今の時代だとポジティブシンキングとでもいうのでしょうか。

どんな時代でも佐平次なら世の中スイスイお茶漬けサラサラと、たくましくしなやかに生きていくでしょう。

# 恋愛、結婚、再婚女性が有利？

大都市・江戸では圧倒的に数少ない女性のほうが恋愛に有利と思いきや、結婚となると武家や商人は家と家の結びつきが大事。縁日や芝居小屋などで見初めた相手に付け文をして結婚というのは、庶民に限ったことでしょう。勧められるままに見合いをし、見合いといっても遠くからチラリと見ただけで結婚というのも珍しくなかったそう。

　結婚後も庶民の夫婦は、「銘々稼ぎ」といって共働きで、経済的にも自立していました。嫁入り道具など妻の財産を勝手に売るのは御法度で、離婚の際には結納金全額を妻に返さなければなりません。

　それでも江戸時代の離婚率はかなり高く、女性の二人に一人が離婚を経験、なんと五人に一人は三回以上結婚したといいます。離婚は決して不名誉なことではなく、女性は再婚も当たり前でしたが、男性にとってはバツの悪いこと。いわゆる「三行半」も、妻に離婚を迫るものではなく、「今後は誰と再婚してもよい」という夫からの証明書のようなもので、これを書かないと夫のほうも再婚できなかったとか。

　再婚話でおもしろいのが、江戸初期まであった「後妻（うわなり）打ち」。別れた夫が一ヵ月以内に再婚した場合に限り、前妻が女性の親類縁者を引き連れて後妻の家へ討ち入りできるというもの。討ち入りといっても刃物は用いず、人に危害は加えず、家財道具だけ壊すといったルールもあったとか。これで手打ちとなれば、先妻の鬱憤も、後妻の負い目もスッパリ解消できたのかもしれないですね。

あめ
雷門
祭

テーマで落語を楽しむ③

# 江戸っ子の日常生活

屋台や道具屋、若旦那や与太郎さん、殿様も参加。お馴染みの人たちが繰り広げる江戸の日常の出来事。「えっ、そんなことってあるの?」。これが江戸であり、落語です。ゆっくりお楽しみください。

# 火焔太鼓《かえんだいこ》

Kaendaiko

太鼓の音が気になる殿様

**この「ドーン」のおかげで三〇〇両という大金を手に入れてしまった江戸の道具屋さんの噺。**

こんな噺

江戸時代はリサイクル社会。新品を買えるのはお金持ちで、古くなれば売りに出し、庶民はそれを中古で手に入れておりました。リサイクルの仲立ちをしているのが道具屋で、骨董品から生活品にいたるまで、いろいろと商いを致します。なかでも江戸は土富店《どぶだな》、お祖師《そし》様の周りでは道具屋が軒を連ねていたそうな。今いう所の元浅草の界隈です。

ある道具屋の夫婦、かみさんはしっかり者だが亭主はぼんやりで、商売下手で損ばかり。今日も今日とて汚い太鼓に一分も払って仕入れてきたから、かみさんにどやされる。余り埃がすごいので小僧に掃除を任せたものの、軽く触っただけなのにドンドコドンとそれは大きな音がします。

そこを通った一つのお駕籠、中にいるのはお殿様。太鼓の音を聞きつけ

火焔太鼓：火炎の模様の装飾がある雅楽用の大太鼓。

埃をはたけばいいのだ。
たたくんでない。
古道具
ふるどうぐ
どんどーん

て、早速家臣を道具屋に行かせます。

「殿様が太鼓を見たいとおっしゃっておる。太鼓をお屋敷に持って参れ」

「お前さん。殿様は音だけ聞いたんだ、汚い太鼓は見ていない。見せた途端ひどい目にあってしまうわよ！　欲を出さずに元値の一分と言いなさい！」

かみさんに散々脅かされ、亭主は渋々屋敷に向かいます。ところがなんとこの太鼓、国宝級のお宝で、三〇〇両という目が飛び出るような大金で売れてしまったからさあ大変。

「金を落とさぬよう気をつけて帰れよ」

「自分落としても金は落とさねえ！」

家に帰ってかみさんに、三〇〇両の大金を、五〇両ずつドンドンと、積み重ねるたび、かみさんはビックリ！

「お前さん、すごいねぇ儲かるねぇ」

「音のするもんがいいや！　今度は半鐘を買ってくる」

「半鐘？　お前さん、そりゃいけないよぉ。おジャンになるから」

半鐘：火の見櫓につるし、火災などの非常時に鳴らした鐘で「ジャン、ジャン」という音。

# 猫の皿

ねこのさら | Neko no sara

欲を出したばかりに、掘り出し物は手に入らず、代わりに猫を買う羽目になった道具屋の噺です。

こんな噺

道具屋というのは掘り出し物を見つけると、大変儲かる商売だそうです。田舎家の納屋や蔵など見て回り、掘り出し物を買い集める道具屋もいます。このような人を旗師《はたし》といいます。

ある旗師が田舎の茶店で休んでおりますと、茶店の端で、皿からご飯を食べている猫を見つけます。旗師は何気なく見ていましたが、「ハッ」と気づき内心、驚いたのです。

猫の皿はなんと、絵高麗の梅鉢の皿、安く見積もっても三〇〇両は下らない

という逸品。もちろん道具屋ですから、驚いた顔は見せません。「さてはこのおやじ、この皿の価値を知らないな。しめしめ!」と、早速仕事に取り掛かります。

「いや~親爺、かわいい猫じゃねーか。おいで~。前に飼ってた猫が死んじまって、家は子供がいねぇもんだから女房が淋しがってて、どっかでかわいい猫を見つけたらもらってきてくれと、始終、言われてるんだ。旅の途中だ、子猫だとまだ弱いから心配だがこの位の大きさなら大丈夫だろう、この猫くれないかね? 他にもいるようだし」

「でも婆さんが死んでから淋しくて猫を飼ってるんだ」

「ただとは言わねぇ三両だそう。三両で譲ってくれないかい!」

「まぁそこまで言うなら、三両で」

「ありがとう、はい三両。ついでに、宿屋で猫に飯を食わすのにさっき使ってた皿もおくれ」

「あれはだめだよ。これをどうぞ」

と、おやじは汚い皿を出してきた。

「いやいや、さっきこれで食ってたからこれをもらうよ、いいだろこんな汚い皿」

「いや、これはだめです。汚い皿と言いますが、絵高麗の梅鉢の皿といって三〇〇両は下らないという逸品でございます」

と言う。道具屋は内心「知ってやがったか!」と悔しがりましたが、今さら仕方ない。知らぬ顔で続けます。

「ふーん。そうかい、そんなに価値のある皿なのかい。なんでそんなもんで猫に飯を食わしてるんだい」

「それがだんな。おもしろいんでございますよ。この皿で猫に飯を食わせると、時々猫が三両で売れるんでございますよ」

# 二番煎じ

にばんせんじ — Nibansenji

**寒さが身にしみる江戸の冬。夜回りでの寒さしのぎに一杯のつもりが、とんだウワテがおりました。**

こんな噺

喧嘩と火事は江戸の華とはいうものの、燃えたら危ない江戸の冬。各町内は夜回りで、火の用心をすることになっています。そんな夜回りには、町内各家から一人ずつ出ることになっていますが、参加するのは家で一番暇な旦那衆とお年寄り。その夜回りを見回る役人もおります。

たった一度の夜回りで、すっかり寒さが身にしみてしまった。火の番小屋で暖を取り、それぞれ内緒で持ち込んだ酒をこっそり飲もうと、話はすぐに決まりました。

鍋を背負って肉まで持って来て、強者までが揃い踏み。早速土瓶で燗をつけ、こうなりゃ夜回りなんかせず、しし鍋をつまみに大宴会といきましょう。

皆楽しく盛り上がっているところへ、役人が見回りに来たから大慌て。火の番小屋で酒盛りなどして、どんな裁きが下るやら。

「これは風邪の煎じ薬と口直し、酒と鍋ではありません」

口から出まかせの嘘をつきます。

「風邪を引いて困っていたので、わしもその煎じ薬とやらを所望する、口直しも出せ」

寒い時にはこの煎じ薬に限ると、ガブガブ飲むやら食べるやら。皆の分がなくなりそうで…。

「すみませんもう煎じ薬がありません」

「ならば拙者一回りしてくるから、二番を煎じておけ」

クンクン
ウーム、何やら酒の匂いが…
見回りの役人 ←

火の用心〜〜
しゃっしゃりましょう〜
用水

# 孝行糖《こうこうとう》 — Koukoutou

**落語で人気の与太郎さんが、飴売りの仕事をすることに。**
**孝行糖ということで、人気になるのですが…。**
**士農工商の理不尽な社会をちょっと垣間見ることに。**

こんな噺

落語にはいろいろな人が出て参りますが、立役者といわれるのは与太郎さんと決まっております。どういう人かといわれれば、頭のねじが緩んで二、三本足りない、はっきりいえば抜けている。でも、気心が優しいから町内の誰からもかわいがられます。

ある町内に住む与太郎さん。両親を大事にしている故に、お上から青差五《あおさしご》貫文《かんもん》という褒美をいただきます。町内中でこれを喜び、褒美のお金の使い道に頭を絞り、この金を元手に何か仕事をさせようと話がまとまりました。

その仕事とは飴屋。親孝行がきっかけですから、「孝行糖」と名づけた飴を売る。目立つ着物を着て、荷物を担いで大声で口上を言って歩きます。

「孝行糖、孝行糖。孝行糖の本来は、うる（粳米《うるちまい》）の小米に寒晒《かんざら》し。カヤに銀杏、肉桂に丁字。チャンチキチ、スケテンテン。昔々唐土《もろこし》（中国）の、二十四孝のその中で、老莱子《ろうらいし》といえる人、親を大事にしようとて、こしらえあげたる孝行糖。食べてみな、いや、おいしいよ、また売れた、たら、うれしいね。テンテレツク、スッテンテン」

これを食べたら親孝行な子供になるとすっかり評判になり、噂を聞いた人たちがこぞって飴を求めます。さて商売が繁盛していたある日のこと、与太郎さん、やはりちょっと抜けてるだけに、売り歩いてはいけない大名のお屋敷前に来てしまいます。

「静かにしろ！」

門番に怒鳴られた与太郎さん、

「こーこーとー、こーこーとー」

と言うものだから、門番を怒らせ、打つなり蹴るなりされてしまいます。幸い通りかかった知り合いが事情を話し、助かります。

「あんなところで売るんじゃないよ、わかったね。痛かったろう、どこをぶたれた？」

「ここと〜、ここと〜」

青差五貫文：五貫文は五千文で約一両（約一二万）。
二十四孝：孝行に秀でた二四人の故事を集めたもの。
老莱子：中国の孝行話。親を悲しませたくないと、七〇歳になっても子供のように振る舞う。

静かにしろ！
やめないか！
あっちに
行け！

孝行糖の本来はうるの小米に
寒晒し、かや〜にぎんなん、
ニキにちょうじ、チャンチキチ スケテンテン
昔々唐土の、二十四孝のその中で、
老莱子といえる人、親を大事しようとて、
こしらえ上げたる孝行糖、食べてみな。
いや、美味しいよ。また売れた
たら、嬉しいね。
プープープー
ワーワーワー
ワンワン
ニャーニャー
チンチンチン
ドンドンドン
あめ

# 千両みかん

せんりょうみかん ｜ Senryoumikan

夏の真っ盛りに冬のみかんに恋煩い。やっと見つけたみかんは一個何と千両という。恋煩いとみかん、どうなりますか…。

千両：現在の価格で約 8000 万円以上。
みかん：江戸で評判のみかんは、味・姿・艶の 3 拍子そろった紀州産。
みかんで財を成した紀伊国屋文左衛門の話は有名だ。

**こんな噺**

落語のオチには、笑って納得のオチと考えさせられるオチがあります。この「千両みかん」は後者で、番頭さんの立場になってしみじみと…。


ある大店の若旦那、具合が悪く寝込んでいるが、医者に診せると、心の病。思い詰めていることが原因という。

「親にはとても言えないが、番頭さんなら話がしたい。笑わないでください。きっとですよ！」と語り始めます。

「艶やかでみずみずしくて」

「ふむ。こりゃ女かな？」

「お汁がたっぷりのみかんが食べたい」

「それなら買って来ましょう」

と番頭さんがいった途端に、真っ青だった若旦那、よみがえったように元気になってしまいました。

「旦那様、若旦那はみかんが食べたいそうです、私が買ってくると言ったら顔色がよくなりましたよ」

「今は真夏、一体どこに売っているんだ。ないとわかればがっくりして死んでしまうとも限らん。どうしてくれる」

「大変だ！　とにかく、探してきます」

番頭、飛び出し八百屋へ走る。ところが売ってるはずがない。平身低頭して頼むと、どんな品物も揃えてる評判の大きな問屋を教えてくれ、日本橋まで駆け出して、祈る思いで聞いてみる。

「みかんはありますか？」

「きっとあるはず、ちょっと裏まで来てください」

裏には大きな蔵があり、開ければみかんの箱がぎっしり。片っ端から開けるが皆腐っている。次の蔵、次の蔵みな駄目だ。最後の蔵の最後の箱に一つだけきれいなみかんが見つかったが、その値を聞いて驚いた。なんと千両！

帰って主人に伝えると
「倅の命の値段が千両。それなら安い」

店の者に千両箱を担がせて、みかんひとつを買いに行かせます。

大喜びの若旦那。一方番頭は、若旦那がみかんを一房食べるごとに、一〇〇両が消えてなくなる気がして虚しくなる。若旦那、最後に三房だけ残し
「一つは両親に一つはお婆さんに渡しておくれ」

と番頭に頼む。ところが金銭感覚がすっかりおかしくなってしまった番頭。来年に決まっているのれん分けの時にもらうお金は多くても五〇両、このみかんは三〇〇両。

「短い人生、こんな大金手に入らない、旦那様申し訳ございません！」

みかん三房を持って、番頭はどこかへ消えてしまいました。

# 時そば

ときそば ― Tokisoba

**料金をごまかそうとして、かえって多く払うはめになってしまった間抜けな男の噺です。**

こんな噺

ファーストフードどして江戸で人気の屋台。そのベスト3は、そば、天ぷら、寿司でした。

「う〜寒いね〜、どうでえ商売は？　あまりよくねえか。アキネエってぐれえだから、飽きずにやらないとな」

二八そばの屋台、ポンポンと調子よく話す客で、そばのあつらえが早い、いい丼を使っているとほめちぎる。

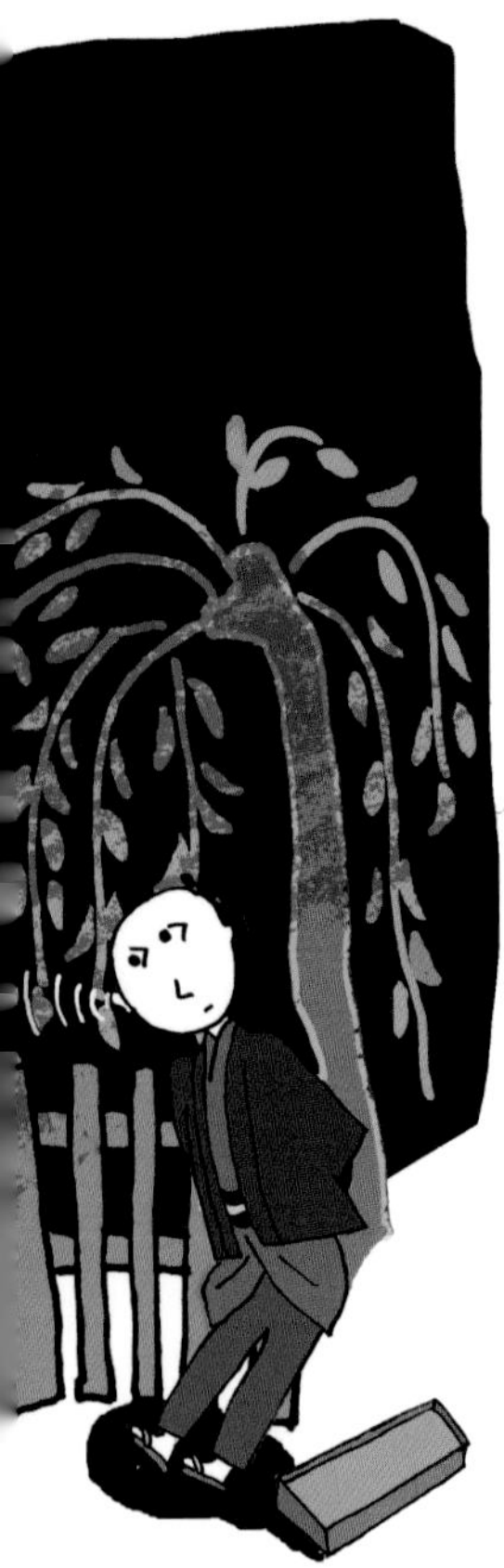

「いやあ旨かった。いくらだい？」

「へい。十六文で」

「小銭出すから、手ぇ出しねえ。一っ二っ三っ四っ五っ六っ七っ八っ、今、何時だい？」

「へい九っで」

「とう、十一十二… 十六だ！　ご馳走さん！」

この様子を見ていた間抜けな男。「はなからしまいまで世辞ぃいいっぱなしじゃねえか。それに値段まで聞きぃやがって、夜鷹そばは十六文って決まってらあ！　でもあいつおかしな所で時聞きやがったなあ〜」。何回も指をおって勘定してた客は「あいつ一文ちょろまかしやがった」と気がつきます。

この男、自分もやってみたくなり、夜鷹そばを見つけ早速。

「うう〜寒いねえ」

「今夜はだいぶ暖かです」

「どうでぇ商売は？　あっいいの？　ふ〜んまぁアキナイでやるこった。蕎麦のあつらえが、遅いねぇ〜　まぁおれは気がなげぇからいいよ。オッ来たね、丼が、汚いね。まっいいや、蕎麦屋は中身で勝負！　つゆが塩っ辛い、そばは太くてぐちゃぐちゃじゃねえか。何か腹が一杯になっちゃった。いくらだい？」

「へぇ十六文で」

「へへ！　それ一っ二っ三っ四っ五っ六っ七っ八っ、今何時だい？」

「四っで」

「五っ六っ七っ………！」

# 目黒のさんま

めぐろのさんま | Meguro no sanma

江戸も中期以降、泰平の世で毎日退屈な日を送る殿様。食事はといえば、ご馳走は並ぶものの冷や飯ばかり。とはいえわがままいえず、実は自由でない殿様の噺です。

こんな噺

「風光明媚な目黒に遠乗りに参る、馬を出せ！」

ある秋の日、意気揚々とお出かけになりました。秋風受けて気持ちよく馬を走らせ、馬を下りれば家来と徒競走で汗を流す。

「うーん腹がへった。弁当をもて！」

「殿、弁当は持ってきてはございません」

殿はがっかりしたが、ここで文句をいえば、家来の誰かが責任取るのは承知のうちで、出かけた言葉をグッと我慢。松の根方に腰を掛け、秋晴れ

の空を見上げると、トンビがくるりと輪をかいた。

「のぅ、あのトンビは弁当を食したであろうか？」

　すると、どこからともなく煙とともに香ばしい匂いが殿様の鼻をつく。

「これ、この匂いはなんじゃ！」

「はっ、さんまでございます、今が旬の下魚でございます」

「なに！　魚か、苦しゅうない、これへもて」

　匂いを頼りに家来がお百姓を訪ね、一両を差し出す。見たこともない大金に、百姓が張り切って焼いたさんまを見た殿は驚いた！　殿が知ってる魚といえば冷たく干からびた鯛ばかり。黒くてあちこちジブジブいって、尻尾に赤い火がついて…。

「これは爆弾か？」

「いえ、天下の美味でございます」

　殿様一口食べてあまりの旨さに驚愕。憑き物でもついたように「代わりをもて、代わりをもて」

　と無我夢中、あるだけ食べてしまいました。

「殿、屋敷に帰ったらさんまを食したことはご内密にお願い致します。下魚を食させたとなるとここにいる一同が罰せられるやもしれません」

「わかった、余は口外いたさん」

屋敷に帰ればいつもの冷たい食事。

「はぁ～あのさんまは旨かった」、さんまのことばかりが頭をよぎり、すっかりさんまに恋煩い。しばらく経ったある日、親戚からの食事の招待。自分が食べたい物を注文できるという。

「殿、何かご所望の料理は？」

「さんまである、黒やかな、長やかな魚である」

と言ったので大騒ぎ。慌てて馬を飛ばし、日本橋の魚河岸で最高級のさんまを買ってきました。それを見て料理方が考えた。万が一、高貴な方が油に当たってはと蒸し器に入れ、油を抜いちゃった。また考えた。万が一、骨が刺さったらと毛抜きで骨を全て取り、さんまはすっかりクタクタのパサパサ。仕方がないのでつみれにまるめ、お椀に入れて出しました。ジュウジュウいうのが来るという殿様の思いに反し、目の前にはお椀が。蓋を開けると微かにさんまの匂い。

「久しいのう、そちも堅固で何よりじゃ」

と一口。

「これ！　このさんまどこで仕入れた」

「魚河岸でございます」

「う～ん、さんまは目黒にかぎる！」

# 落語では殿様と庶民は平等？

落語に登場する殿様は、ほとんどぼんやりした人物。江戸時代は泰平の世で、代々世襲の殿様は、おっとりとお育ちに。庶民は滅多なことでは御目通りは叶わないので、本当のことはわからず、殿様を小ばかにしたり、自分たちには到底できないお金の使いようを噺として聴き楽しんでいたのでしょう。

殿様が庶民の食べ物を口にして喜ぶ噺では、「目黒のさんま」が有名ですが、「蕎麦の殿様」、「ねぎまの殿様」もそうです。生活が苦しい時など、「殿様よりも自分たちは自由で美味しい物を食えるんだ、毎日お毒見後の冷てぇ、てえ（鯛）ばっか食わされたんじゃあたまんねぇ」と、強がっていたんでしょうね。庶民の文化に触れて喜ぶ殿様も登場しています。

「妾馬、八五郎出世」の殿様は、長屋の美しい娘お鶴を見初め側室に迎え、すぐに男子を授かります。お鶴の兄八五郎は、長屋の若い衆を絵に描いたような男。酔って都都逸を唄い、「だめだよ、都都逸聴いたら、ヨウヨウって言わないと友だちなくすよ」

「いやぁ楽しくなってきたよ。どっか行こうか殿公」

殿様にため口で周りの者をハラハラさせますが、殿はご機嫌。「面白い奴じゃ召し抱える」と。

「盃の殿様」は吉原の花魁遊びを覚えた殿様の噺です。何かと言い訳をしては通い続けていましたが、国元に帰ることに。国元の宴席で大きな盃を飲みほして、花魁に返杯をさせるために、健脚者に吉原に向かわせる。殿様でなければ出来ないスケールの大きな遊びです。

# 庶民の七割が長屋住まい

## 江戸を守る人

火事があったり、喧嘩があったり、江戸の町のあちこちで事件が起こります。

江戸中期以降は人口も増大した江戸を、誰が守っていたのでしょうか。

「三方一両損」に登場した町奉行がやはりトップ。その下には与力や同心といった武士がいますが、人数も少なく、江戸の町を守りきれません。そこで考えだされたのが、町政の実務を民間に委託することでした。

落語では馴染みは薄いですが、町政の頭は町年寄、次が町名主、月行事と続きます。月行事は家持や家主から町ごとに選ばれ、町人と密接に関わり、町名主からの伝達事項を町人に知らせたり、町内の細々としたことを担っていました。伝達ルートがちゃんと出来ていたんですね。

こうした町役人は、正月などには江戸城に登り、将軍に会うことができたのですから名誉職で、また、幕府が町役人の重要性を認めていたのでしょう。

## 裏長屋の住人と大家

江戸後期には、落語によく登場する八っつぁん、熊さんたち庶民の約七割が裏長屋に住んでいました。

長屋の住人、店子は引っ越し、結婚、出産など身に起こるすべてを大家に届ける義務がありました。「大家といえば親も同然、店子といえば子も同然」という言葉はこうしたシステムから生まれたのでしょう。

落語にもいろいろな大家さん

が登場します。親切で面倒見がよい、あるいは正反対で因業…。今回紹介した演目でも、「三方一両損」のふたりの大家は店子の喧嘩で白洲に出る羽目に、「井戸の茶碗」では知恵を求められ、「天狗裁き」にも登場します。

それでは大家って、現代のアパートやマンションのオーナーに当たるのでしょうか。それは違います。江戸時代初期に広い土地を与えられた者は、江戸の人口が増えると、屋敷の裏に長屋をつくりこれを賃貸。その管理と店子の世話を任されたのが大家なのです。大家は今でいう管理人でしょうか。雇われていたのです。

大家は長屋の敷地の中で起こるすべての責任者でもありました。店子でない病人やけが人、捨て子の世話も義務でした。そんな大家の報酬は…。俸給に店賃の集金手当、下肥料、それに店子からの礼金などで、充分だったようです。

住人たちの住まいはというと、約三坪ほどの広さが一般的。台所兼土間が一畳半、部屋が四畳半といったところ。火事を恐れることも理由で、家ではあまり煮炊きはしなかったようです。井戸やトイレは共同。狭いながらも、隣近所と助け合い、たくましく生きていたことは、落語の噺からもわかります。ちなみに家賃ですが、約一万円だったようです。

## 時の鐘で時刻を知らせた

江戸時代も仕事にまた規則正しい生活をするのに時刻の認識は大切事項。もちろん腕時計はありません。どうして時刻を知ったのでしょうか。それは江戸市中何ヵ所かに設置された「時の鐘」から聞こえる鐘音の数で知りました。

また、江戸時代の時刻はどのように決められていたのでしょう。昼夜をそれぞれ六等分し、夜中から正午、正午から夜中までを九つから四つまでの数に当てはめる。朝六時は明六つ、夕方六時は暮れ六つ。十二支に当てはめてもいました。

江戸瓦版

# ハっつぁん、熊さんのお財布事情

## 大工のハっつぁん

江戸の花形職業のひとつ、大工の八っつぁんには女房と、六歳になる男の子がおりました。八っつぁんの一日の稼ぎはざっと四匁（約七〇〇〇円）。大火の後は日当が倍に跳ね上がることもあり、下級武士よりは暮らしに余裕もあったよう。

朝、昼、夜とご飯はしっかり食べるから毎朝一升近くの米を炊きます。米の値段は一升で五〇文（約一二五〇円）。女房の機嫌のいい日はイワシ二尾や豆腐までつく。大好物の納豆は納豆汁にするのが定番。

今夜は家族で湯屋へ。八っつぁんは晩酌したら寝てしまい、そのすきに女房は八っつぁんの紙入れから、坊やの寺子屋代を抜き取ります。寺子屋の授業料は盆暮れや五節句などに一〇〇文から多くても千文ぐらいを納めたそう。「おや、今日の稼ぎは少ないねぇ。寄席にでも行ったんだね」。女房はため息ついて、へそくりから自分の髪結い代を捻出し、赤字を補てんしました。

### ハっつぁんのある日の家計簿

| | |
|---|---|
| 収入 | 日当　約４匁（約7000円） |
| 支出 | 鰯10尾　22文（約550円）<br>豆腐１丁　16文（約400円）<br>酒２合　30文（約750円）<br>銭湯３人分　22文（約550円）<br>寄席　24文（約600円）<br>寺小屋代　100文（約2500円）<br>※女髪結い代　50文（約1250円）はへそくりから。 |

＊価格は江戸中期以降です。参考文献『江戸時代のすべてがわかる』（ナツメ社）

# 棒《ぼ》手《て》振《ふ》りの熊さん

天秤棒に季節の野菜をぶら下げて売り歩く熊さん。夕べの残り物をかきこんで早朝から市場に行き、六〇〇文（約一万五〇〇〇円）をはたいて野菜を仕入れます。日が傾くまで声を枯らして野菜を売り歩きますが、売上はいい時もあれば悪い時も。仕入れ値の倍ぐらいは稼げる日もあるけれど、翌日の仕入れ値をさっ引くと、手元に残ったのは二〇〇文（約五〇〇〇円）。

「やれやれ、売れ残った野菜は八っつぁんのおかみさんにでもやって、味噌汁のお裾分けでもいただくとしようか」。

独り者の熊さんの食事はもっぱら外食。とくに屋台のそば、天ぷら、すしは江戸っ子に大人気のファーストフードで、熊さんももちろん大好物。今日はかけそば一杯と、すし三個、天ぷら二串をいただきました。

「今夜は岡場所で遊ぶぞ」。吉原の遊郭は高くて手が出ないので、品川の岡場所で遊ぶのが常。「それとも明日、歌舞伎でも見るかなあ」。熊さんがあれこれ思案しているところに、「ごめんなさいよ」と大家さん。「家賃、そろそろ払ってくださいな」。慌てる熊さんでしたが、もう待てないよと大家さん。岡場所も歌舞伎もあきらめて、しぶしぶ家賃を払いました。

## 熊さんのある日の家計簿

| | |
|---|---|
| 収入 | 200文（約5000円） |
| 支出 | 仕入れ　600文（約1万5000円）<br>かけそば1杯　16文（約400円）<br>すし3個　24文（約600円）<br>天ぷら2串　8文（約200円）<br>※雨の日に供えて貯めていた貯金から。<br>家賃（1カ月分）　400文（約1万円） |

★吉原は高く、太夫の揚げ代が銀84匁（約14万円）。一方、非公認の遊郭街は品川や深川などにあり、揚げ代も約100文（約2500円）。

★歌舞伎は芝居小屋や演目によって異なるが、上桟敷だと銀25匁（約4万円）。立ち見なら16文（約400円）。

江戸瓦版

# 江戸の町の「エコ」を支える商売

使い捨てが公然とまかり通っている現代を、江戸時代の人が知ったら何と思うでしょう。

江戸時代はリサイクル品と中古品が生活の中心をなしていました。簡単に物を捨てないということです。物資が乏しいゆえの生活の知恵であり、また、火事が多いことから、一瞬にしてすべてを失くすことの恐ろしさを知っていたので、物を持たないという考えからであったとしても、限りある資源を有効に活用する江戸の人々を称賛したい気がします。

## リサイクル商売

今ならゴミとして捨てられる物まで再利用。そんなゴミをリサイクルするために買ってまわる商売もありました。

例えば、ろうそくは貴重品だったので、火をつけたときに流れ落ちるロウをためておき、それを買うのが「ろうそくの流れ買い」。「おちゃない」は女性の抜けた髪を買う。髪を結うかもじの材料になります。その他にもいろいろ。

紙くず買い　紙くずを買い集めて、再生紙をつくる問屋に売る。再生紙は便所紙や鼻紙に。

灰買い　かまどや炉の余った灰を買って肥料として売ります。

傘の古骨買い　江戸時代は古くなった傘を買い集めて問屋に売る商売もありました。売られた傘は再利用。

布が貴重だった江戸時代は、新品には手が出せない庶民のために「古着屋」が繁盛していました。その数千軒とも二千軒ともいわれ、軒を連ねていたそうです。

## 修理を商売に

壊れたから新しいのに買い替えるなんてことも庶民にはめったにないこと。修理をしては大事に使いました。こんな修理の商売がありました。

雪駄直し　すり減った下駄の歯や草履や下駄の鼻緒を取り替えたりの履物の修繕。

焼き接ぎ　欠けた茶碗を金接ぎするのは富裕層、庶民派は白玉粉で接着し、焼き直して使いました。

壊れたそろばんを修理する「そろばん直し」、包丁やのこぎりを研ぐ「磨師」などが家々を回っていました。

## 道具屋　献残屋

何をやっても失敗する落語でお馴染みの与太郎が出てくる、その名も「道具屋」。そして本書でも紹介した「火焔太鼓」も道具屋の噺。このふたつの噺に出てくる商品は特殊なものですが、道具屋は様々なものを売る、庶民を支える商いです。江戸時代は富裕層が売り、それを庶民が買う。この流れが出来ていて、仲介をするのが道具屋でした。

道具屋に似ていますが、こちらが扱う品はブランド品のみの店。大名から幕府へ献上、あるいは大名間での贈答と、高級品が行ったり来たり。そこで生まれた仲介役が献残屋《けんざんや》。不要の献上品を買い取り、必要な人に売る。その品は太刀などの装飾品、熨斗鮑、昆布などの高級保存食品など様々。栄えていたということです。

### ゴミは江戸時代も頭痛の種

いつの時代もゴミの問題はあるもののようで、江戸時代も人口の増加で浮上したのがゴミ問題。幕府はゴミの不法投棄を禁じ、ゴミの埋め立て地を指定して、ゴミ処理請負人を雇っていたようです。武家屋敷では屋敷内にゴミ捨て場が設けられていました。

あめ
祭
雷門

テーマで落語を楽しむ④

# 親子・夫婦 若旦那 ほっこり話

親子噺では「江戸も令和も変わりないわ」と思うかもしれません。江戸時代は女性が少なかったせいか、女性が強い夫婦の噺が多いようです。それな人たちのほっこり話を聞いてください。

# 親子酒《おやこざけ》 ― Oyakozake

**酒好きの親子が、酒断ちを誓いますが、そう上手くはいきません。**

こんな噺

酒好き、大酒飲みはいつの時代もいたようで、江戸時代には酒合戦や大酒大会なる催しも開かれ、三升入り盃三杯、七升なんて記録が残っています。

やはり親子というものは、どこか似るところが出るのは仕方ありません。ある商家の大旦那と若旦那、ふたりして酒が大好き。若旦那は大酒飲みで酒癖が悪い、どうにも周りに迷惑をかけて仕方がない。意を決した大旦那、倅を呼び出し小言を。

「おい倅、このままいけば我が家の暖簾にキズがつく。もう酒はやめなさい、その代わり、私もやめる」

と親子で禁酒の約束事を致します。

親父の酒好きを知ってる倅、その覚悟を肝に銘じてしっかり仕事を勤めます。大旦那はというと、仕事は番頭さん任せで何もやることがなく、たったひとつの楽しみであった酒を断たれて苦しい毎日。命に別条がないとはいえ、ただ生きているだけというのは人間案外つらいものです。

禁酒も十日を過ぎた頃には我慢の限界に。おかみさんに、
「倅が帰ってくる前に寝てしまったらバレやしないから」
と、一杯だけと頼み込み、やっとのことで酒にありつけました。だが、飲み始めれば止まらないのが酒好きの性。すっかりへべれけになり、挙句の果てに、「ババァ酒もってこい！」と言う始末。すっかりご機嫌になってしまいます。

ところがそこに、若旦那が早々のご帰還。ベロベロの大旦那、逃げも隠れも出来ません。一生懸命取り繕います。

「倅かぁ、お帰りぃ、こっちに入りなさい」

「おとっつぁんただいま帰りましたぁ！」

帰った倅も、出先で飲まされてベロベロに酔っている。親父に小言を言いたくても呂律が回りません。親父も倅に説教しようとして倅の顔を見ると、

「ばあさん、顔が七つもあるぞぉ！　こんな化け物には、うちの身代ゆずれません！」

と。倅は倅で言い返します。

「おとっつぁん、あたしだってこんなグルグル回る家、もらったってしょうがねぇ」

**豆知識**

### 江戸の酒は水増し酒？

今も昔も、嬉しいにつけ悲しいにつけ、日本人と酒は切っても切れない間柄です。江戸では1日一人当たり2合の酒を消費していた計算になるそうです。後期以前は大阪から舟で下って来る灘や丹波の「下り酒」しか流通していませんでした。当然高値ですから、庶民向けの値段にするため、水で薄めて販売。

アルコール度数が半分位になり、落語にも登場する、大きな器でがぶがぶと一気飲みが出来るわけです。

# 舟徳《ふなとく》　Funatoku

**勘当された若旦那、新しい仕事を見つけますが、世の中、そう上手くはいきません。迷惑をかけかけ、さて、その顛末は…。**

こんな噺

落語によく登場する若旦那。商家の若旦那には真面目を絵に描いた堅物と道楽者がおり、後者は身代をつぶしかねないと親から勘当を申し渡される。そんな若旦那は落語に登場する常連で、この主人公もそのひとりです。

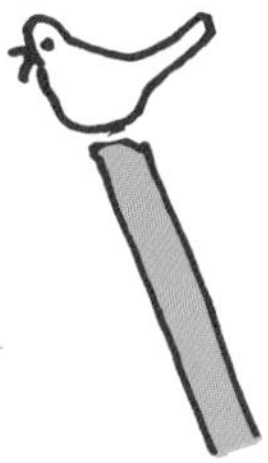

　商家の若旦那徳兵衛、道楽が過ぎて勘当され、馴染みでよく出入りしていた船宿の二階で居候を決め込んでいます。実家は勘当を解くどころか、親類から店の跡取りを迎えるという。そんな話を聞いた若旦那、早速船宿の親方に、無理な相談をもちかけます。

「おれは覚悟を決めた、船頭にしてもらいたい」

「若旦那、あんたみたいな細い身体じゃとても船頭はつとまりませんよ」

「ここが駄目なら他に行く」

　という若旦那の強気に、親方は渋々引き受けることに。船頭の若い衆を集め、親方は若旦那を紹介。粋で色白、役者のようないい船頭が誕生したと、皆は大喜び。

「いよ！　音羽屋」

　夏の盛りの浅草観音様の四万六千日。この日は船宿も稼ぎ日。あまりの暑さに舟で行こうと、船宿に男二人がやってきました。

昨日までは
若旦那！
おーい、徳さん
ひっくり返すんじゃねえよ！
アブナイ

「あいにくだね。舟はあるが船頭がいない」

と断る。ところが男二人は若旦那の徳さんを見つけ、心配をよそに舟に乗ってしまう。

徳さんも張り切って舟を出すが、なにせ初めてのことでおぼつかない。

「おーい徳さん一人かぁ、ひっくり返すなよ」

と仲間の声。お客は揺れる舟で

「だから俺はいやだと言ったんだ!」

「竿は三年、櫓は三月」といいますが、それにも満たない徳さんのフラフラ船。竿は流され、櫓を漕いで、グルグル回って石垣に。石垣から逃れるために客の傘で突けば、傘が抜けずに傘をなくしたり…。

客も徳さんももうへとへと。フラフラ舟はやっとのことで大桟橋にたどり着けると思ったが、目前の浅瀬に乗り上げてしまう。客の二人、片方は最初から舟が嫌い、友だちに無理に誘われて乗ったはいいが、揺れがひどい。その上、傘まで失う羽目に。

「本当に怖い思いをさせてしまって、申し訳ない」

と。一方のお客は着物の裾をはしょって浅瀬に入り、もう一方の客を背負い岸に向かいました。

「お〜い船頭、俺たちゃあがるよ。お前さん真っ青な顔をしてるけど、しっかりおしよ、大丈夫か〜い?」

「へぇお客様、お願いがございます〜あがったら、どうか柳橋まで船頭を一人雇ってくださ〜い」

豆知識

## 勘当される若旦那がよく登場

落語に出てくる若旦那は、大概勘当の憂き目に遭います。暇とお金が有り余っているので、遊郭に入り浸ったり、趣味に狂じて勘当されたり…。

以前こんな質問をされました。「落語でよくキュウリ切って勘当。と言いますが何でキュウリを切るのですか？」と。キュウリとは「久離」の意味です。江戸っ子は何でも洒落て話すので、久離とキュウリをかけて切ると言ったのです。

勘当にも２種類あります。「久離は本当の勘当」を意味し、役所に届け人別帳から外します。子供が罪を犯すと、家族や店も連帯責任で罰せられるので、この処置をとるのでしょう。

親戚一同で、人物の性根や可能性を話し合い、外に出して世の中の厳しさを経験させようという場合は「内証勘当」といいます。人別帳からは外されず、町内の鳶の頭や出入り商人など、目の届く人の家に居候をさせてもらいます。仕事を手伝ったりしながら、浮世の苦労がわかったようなら、勘当が解けて家に帰ることができます。

いつの時代も「かわいい子には旅をさせろ」ですね。

# 芝浜《しばはま》 Shibahama

女房のうそが飲んだくれ亭主を改心させたという夫婦愛の噺。人気の演目です。

**こんな噺**

江戸の町は元はといえば湿地帯、すぐそばに海が控えています。品川や高輪ゲートウェイ駅は江戸の頃は浜辺でした。昔の江戸湾は相当広く、江戸前の魚がそこにあがります。これを江戸の市中に売り歩くのが棒手振り。長い棒の前後に品物をのせ、魚ばかりではなく、野菜や豆、道具など生活用品のほとんどを棒手振りが売り歩いていました。

魚の棒手振りが生業の勝五郎。腕はいいが大酒飲みで、仕事を休むこともしばしば。借金もかさみおかみさんの悩みはつきない。

「明日は早くに芝の浜に出かけて魚を仕入れ、きっと仕事をしておくれ」

女房に起こされ見送られて芝浜に来たが、まだ日が昇らない。どうやら一刻早く起こされたようで、眠気ざましに海の水で顔を洗って待とうとすると、ふと目に止まった落とし物。中を見てびっくり、慌てて家に帰ります。拾ったものは革財布、中身は何と五〇両（約五〇〇万円）。

「女房喜べ！　これだけあれば当分は遊んで暮らしていけるぜ！」

友だち呼んでどんちゃん騒ぎと洒落込んだあくる日の夜明け前。

「お前さん、起きとくれ、約束通り、芝浜行って仕事しとくれ」

「仕事なんて行かねぇよ。昨日の金があるだろう？　あれで遊んで暮らすんだ！」

「お前さん、それは一体何のことだい」

「芝浜で拾った革の財布だよ！」

「だから一体何のこと？　お前さん、芝浜なんか行かないよ。起きて早々湯に行って、友だち呼んで酒飲んですぐ寝たじゃない。金を拾った？　それはきっと夢じゃないか」

あまりのことに勝五郎、自分にがっかり！

「情けねぇ、遊んで暮らしていきたいと、金を拾う夢を見て、挙句の果てに金を払うことも出来ねぇ、なあ、おっかぁ、俺は死にてぇ」

「何を言うんだお前さん、仕事をすればいいんだよ、腕がいいんだきっとしっかり働けば、なんとかなるよ」

と励まされ、好きなお酒をきっぱりやめて、人が変わったように、寝る間も惜しんで働き、三年の歳月が経ちました。

三年後には棒手振り卒業。表通りに小さいながらも店を出し、屋号は魚勝。奉公人を使うほど、すっかり立派に。その年の大晦日。大晦日の風物詩といえば借金取りですが、魚勝は借金を払い終え、ゆっくり過ごせる大晦日。

「なあ、おっかぁ、こんな年越し初めてだ。借金取りにビクビクしながら過ごしていたのがついこの間。なんだか拍子抜けするぜ」

「それというのもお前さんが働くおかげ、ゆっくりしたらいいじゃない」

「それもそうだが懐かしい。何しろ三年前までは、遊んで暮らしていたいだけ。遊びたいから稼いでた、でも今は、働きたいから働いて、それに稼ぎがついてくる。毎日楽しく過ごしている。俺は不思議でしょうがない」

「お前さん、この財布に見おぼえないかい？」

「そりゃなんだ？　へそくりならば好きにしな」

「そうじゃないの、ここから先はきっと怒らず聞いておくれ。この財布、中に五〇両あるの。」

「なに五〇両？　あっ！　芝浜の革財布」

「その通りだよ、あれは夢じゃないんだ。だけど、この金に手をつけたなら泥棒。お奉行所に届け出て、大家さんとは相談づくで、夢にしてしまおうと。おまえさんはおっちょこちょいだからごまかし通せると。二年経っても受取人が現れず、お下げ渡しで届いたものの、またあの頃の酒飲みに戻ってしまうのが怖くて隠していたけど、今お前さんの口から、働きたいから働いている、仕事が好きだと聞いたから、見せてももう大丈夫と思い見せました。隠し事、しててごめんね」

「何を謝ることがある、お前が夢にしてくれなければ今頃俺は捕まってどうなってるかわからない。お前のお陰で了見がすっかりきれいに新玉の春を迎えているんだよ。かかぁ大明神様だ！　神棚に乗せて毎日拝みたいよ」

「こんなうれしい大晦日、生まれて初めて。ねぇお前さん、実はお酒を買ってあるんだよ、今のおまえさんならお酒に飲まれることもない、さあ召し上がれ」

「そ、そうか？　大明神がすすめるならば、仕方ないけど、俺が飲みたいという訳じゃないぞ！」

「わかってる、さあどうぞ」

「おっかぁ、俺やっぱりよすわ」

「私のお酌じゃ美味しくないかい？」

「いや、また夢になるといけねぇ」

今では立派な魚屋に
働きたいから働いて、
それに稼ぎがついてくる…
魚
魚勝
うおかつ

# 青菜《あおな》 ― Aona

お屋敷の旦那と植木屋さん、
身分の違う者のやりとりが面白い、
滑稽噺の定番です。

こんな噺

江戸は職人が大活躍の町でした。江戸の職人は荒っぽいのが玉にキズ。ところが立派な人を見れば憧れて、真似ようとするのが人の性《さが》、でしょうか。


夏の盛りのお屋敷で仕事をしていた植木屋さん、縁側に腰掛け、庭を見ながら煙草を一服。

「植木屋さん、ご精がでますな」

「おや旦那、怠けているんじゃねぇんです。こう庭全体を見渡してどの枝落とすか、鉢をどこに移そうか、考えるのも仕事のうちで」

「いえいえどうぞごゆっくり。水ひとつまくのでも、植木屋さんがやる時はまるで雨が降ったよう。これが職人技というもの。今日はゆっくり休んでいきなさい」

と優しい言葉。すっかり客扱い。

「植木屋さんお酒をおあがりか？　鯉の洗いはいかがかな？」

出された酒は柳影、鯉の洗いは下に氷が敷いてある。滅多に口には入らない、贅沢させてもらいます。

「植木屋さん、菜のお浸しはいかがかな？　これ奥や、菜のお浸しをお出ししなさい」

「旦那様、鞍馬から、牛若丸が出でまして、その名を九郎判官*」

「あぁそうか、義経にしておきなさい」

謎の言葉に植木屋さんはうろたえて、訳を聞いたら隠し言葉というもので、恥を忍んでこっそりと伝えるためのものだそう。「菜を」「食らう」、そこから「名を九郎判官」、旦那はそれを聞き「義経にしておけ」で「よしておけ」と言う洒落で返した。話を聞いた植木屋はすっかり感服してしまい、家に帰って女房に、屋敷の話をしました。

「奥様を見習ってくれ。お前にこんな隠し言葉、口にできるか？」

「言ってやるから屋敷を建てろ」

と減らず口。

そこへ通りがかった友だちに試してみようと、女房を押し入れに隠して呼び止めました。

「植木屋さん、お酒をおあがりか？　鯉の洗いはいかがかな？」

「植木屋はお前だ、俺は左官屋だ。ゴチになるのはいいけれど、これはメザシだ、鯉の洗いはどこ行った？」

「鯉だと思って召し上がれ、菜のお浸しはいかがかな？」

「嫌いだよ」

「お願いだから食べてくれ」

「しょうがないからもらおうか」

「ああ暑かった。旦那様、鞍馬から牛若丸が出でまして、その名を九郎判官義経！」

女房に自分の台詞も言われてしまった植木屋は
「義経！　うーん、弁慶にしなさい」

＊出そうと思っていた菜のお浸しは、もう食べてありません。

# 寿限無《じゅげむ》 ― Jugemu

子供の幸せを願い、おめでたい言葉を数珠のように繋げてしまいました。名前を呼ぶたびに大変なことに。

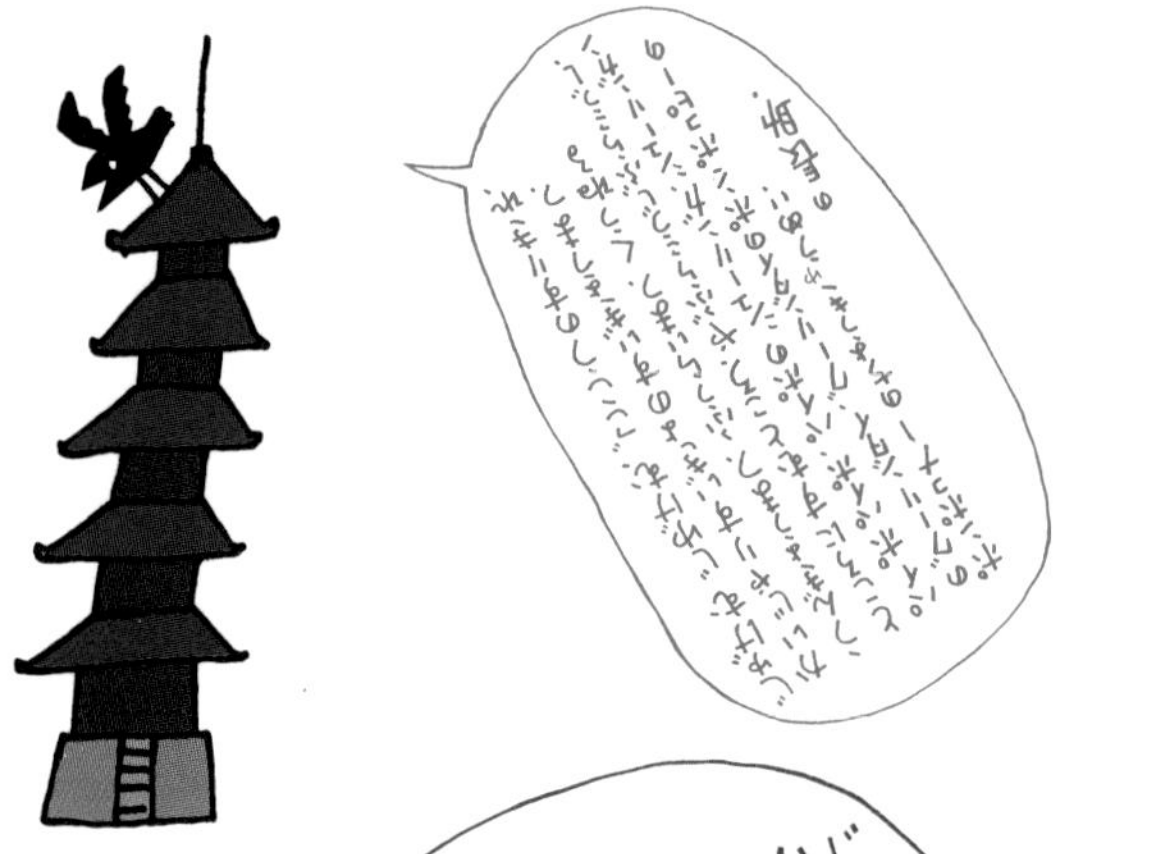

じゅげむ じゅげむ、ごこうのすりきれ、かいじゃりすいぎょのすいぎょうまつ、うんぎょうまつ、ふうらいまつ、くうねるところにすむところ、やぶらこうじぶらこうじ、パイポパイポ、パイポのシューリンガ、シューリンガンのグーリンダイ、グーリンダイのポンポコピーのポンポコナーのちょうきゅうめいの長助。
↑これが子供の名前

**こんな噺**

いつの時代にも親は子供の名前をつけるのに頭を悩まします。江戸時代には男の子の名前にはよく「郎」がついていたそうです。

熊さんはご隠居さんを訪ねます。それというのは、今日は生まれた子供の名前をつけるお七夜。学ある隠居に名前をつけてもらおうという魂胆です。

「なにしろ長生きするようなめでたい名前」

「鶴は千年亀は万年、鶴太郎、亀吉何かはどうだろう？」

「千年万年経てば死んじゃうってこと？　それは嫌だな、他にはないですか？」

「経文の中に寿限無という言葉がある。これはおめでたいことが途切れることなく続くという意味じゃ」

喜んだ熊さん、「他にはないですか？」と、まだ粘る。こんな会話が繰り返されて、候補が勢ぞろい。

「寿限無、寿限無、五劫の擦りきれ、海砂利水魚の水行末、雲来末、風来末、喰う寝る処に住む処、藪ら柑子の藪柑子、パイポ・パイポ・パイポのシューリンガン、シューリンガンのグーリンダイ、グーリンダイのポンポコピーのポンポコナーの、長久命の長助」

この候補の中からひとつ選ぶとなると万が一が合った時、他の名前にすればよかったと後悔するのが悔しいと、熊さん、そっくり子供につけました。

そのおかげかすくすく育った子供は、名前が長くて呼ぶたびに大変。

「ご飯が出来たわよ。起きなさい！　寿限無、寿限無、五劫の擦きれ、海砂利水魚の、水行末、雲来末、風来末、〜長久命の長助！」

すっかり乱暴者に育った子供。近所の子供と喧嘩しては、相手が泣きながら訴えにきますが、「寿限無、寿限無、五劫の擦りきれ、海砂利水魚の水行末、雲来末、風来末、喰う寝る処に住む処、藪ら柑子の藪柑子、パイポ・パイポ・パイポのシューリンガン、シューリンガンのグーリンダイ、グーリンダイのポンポコピーのポンポコナーの、長久命の長助君に打たれてたんこぶ出来ちゃった！」

「金ちゃん、うちの子がすまなかったな、あれ？　こぶなんて出来てないぞ？」

「あんまり名前が長いからこぶが引っ込んじゃった」

# 天狗裁き《てんぐさばき》 ｜ Tengusabaki

「夢」と「天狗」が一緒になった噺。
どちらもあやうい感じがしますが、
さて、どうなりますか…。

どんな夢を
見ているのかなぁ

こんな噺

江戸時代にも夢占いはあったようで、その手の本も売られていたそうです。吉夢といわれる「一富士二鷹三茄子」はいつ見てもよく、特に初夢は最高の吉夢。また、夢でお告げを聞き、その通りにしたら儲かったなんて話を聞けば、じっとしてはいられないのが人情です。

良い夢を見てから大出世したという噂を聞きつけた熊さんの女房、うちも吉夢にあやかりたいと、朝飯を食べさせたらたすぐに、いやがる熊さんを寝かせてしまった。

「寝言を言って笑ってた、きっといい夢を見たんでしょ？」

「今うとうとしたばかり、夢などちっとも見ていない」

嘘がつけない正直者の熊さん。「見たでしょう」「いや見てない」としまいには大ゲンカに。そこに止めに入ったのが隣の亭主。

「女に言えない夢もある、男の俺には言えるだろ？」

「俺は夢など見ていない！」

助けてー
助けてー

今度は隣の亭主と押し問答。騒ぎを聞きつけて来た大家さん、二人の間に入ります。

「大家といえば親も同然、店子といえば子も同然。親子の間で隠しごとはまずいだろ？」

「あたしは夢など見てません！」

「隠しごとするやつは、今すぐ長屋を出ていきなさい！」

「冗談じゃない！　こんな横暴許されません」

と、熊さん。恐れながらとお奉行様に訴え出た。

「こんなつまらん訴えをしてどうする、叱り置くぞ」

と一件落着と思い気や、今度は奉行が、

「おい熊よ、奉行にならば話せるだろう？」

「私は夢など見ておりません！」

と熊さん、奉行にも一点張り。奉行も怒って、拷問してでも問いただそうと、

「この者、簀巻きにして松に吊しておけ」

と。簀巻きにされて松に吊るされた熊さん。

「熊さん、熊さん」

と、ふと呼び止められ見上げると、真っ赤な顔に高い鼻、羽団扇を持った大天狗がにらみつけているではないか。

「どんな夢見た？」

「話します！　話します！」

　話すふりして天狗を丸め込み、下ろしてもらった上に羽団扇を借り、その神通力をもってホウホウの体で逃げおおせた熊さん。

　見知らぬ屋敷にやってきました。丁度もめていたお屋敷の難事を、借りた羽団扇で丸く収めた御礼に、娘を娶ってくださいと懇願され、その日のうちに婚礼と、トントン拍子にことが運んでしまいました。いざ初夜の床で女の手を引くも、いやよいやよと逃げていく。

「手をこっちに、逃げないでねぇ」

「やだよこの人は！　なんで寝ながら手を引くのさ。いったいどんな夢を見たの？」

# 初天神《はつてんじん》 — Hatsutenjin

**縁日が舞台の、現代でも見られる親子のふれあい。親の中に潜む子供が顔をのぞかせる場面が面白い。**

こんな噺

学問の神様、菅原道真を祭神とする天神さん。毎月二五日が天神さんの日で、一月二五日は年の初めの初天神。江戸三大天神は亀戸天神、湯島天神、平川天満宮です。

正月二五日の初天神の日。今日は一人で天神様にお参りに行こうと支度をし、出かける寸前に、倅に見つかり、「連れていけ、連れていけ」といつものように駄々をこねられる。女房までも倅の味方をし、仕方なく覚悟をしたお父さん、倅に条件を出します。

「今日は何にも買わないぞ、男と男との約束だ。わがまま言ったらあそこの川に放り込んじゃうぞ」

「あたいは泳げるから平気です」

何を言っても減らず口。そうこうするうち天神様の境内に。人も大勢、屋台も随分と出ています。

「ねぇおとっちゃん、今日はあたい、わがまま言わねぇいい子だろ、いい子だろ、ご褒美があってもいいんじゃない？　なんか買って！」

と始まった。最初は飴、そしてだんごも買わされ、金坊はというとすっかりご満悦。ついに凧がほしいと言いだし、渋々だが買うことに。

「仕方ねぇ、せっかくだからちょっと揚げてみようかな？」

凧揚げの腕に自信のあるお父さん、揚がったら持たせてやるとは口ばかりで、自分が楽しくなって、金坊はそっちのけ。

「ねぇおとっちゃん！　わがまま言わずに凧をあたいにも貸しておくれよ」

「うるせぇ、子供が遊ぶもんじゃねぇや！」

「こんなことなら、おとっちゃん連れてこなきゃよかった」

すっかり、親子が逆転してしまいました。

# 江戸の女は強かった！

江戸の人口も年を経るごとに増え、後期には一〇〇万都市になりました。地方から江戸にやって来るのは武士や職人が主で、それも影響してか、人口の男女比ははるかに男性が多く、女性がとても大事にされ、今でいうキャリアウーマンも多かったそうです。

女性が少ないということは、結婚できない男性が多く、亭主たちは女房の尻に敷かれてもジッと我慢。普段は威勢が良くて、喧嘩っ早い熊さん、八っつぁんは外では「てやんでぇ！べらぼうめ！」と啖呵をきっていますが、落語の中でも、女房の悪口は外を歩きながらと相場が決まっています。

## 長屋のおかみさん

亭主を屁とも思わず尻を叩く。貧乏なんか怖くない、困っている人があれば皆で助け合う肝がすわった女たち。朝の飯炊きなども旦那がやる姿は珍しくはありませんでした。お菜は長屋の門口まで何でも売りに来るのですから便利。本書で紹介している「青菜」のおかみさん。もちろん、長屋でも威張った女房ばかりではありません。落語「お神酒徳利」の番頭の女房は、通い番頭の旦那を助ける相棒のようで、まさに二人三脚の夫婦。大した知恵者です。

## 商家のおかみさん

大店ではなく、小僧さん一人位の小さな商家は沢山ありました。おかみさんも旦那と一緒に商売を切盛りします。算盤、筆も達者で、女性ならではのアイデアを出し、繁盛する店にしていく例は多くあります。

本書で紹介している「幾代餅」の女房は、元吉原の花魁幾代太夫。彼女が考えた幾代餅が大当たりし、店は大繁盛。「紙入れ」の女房のように、出入りの若い衆をつまみ食いする奔放な女も多くいたことは、当時書かれた川柳や都都逸などを読むとわかります。

## キャリアウーマン

江戸の頃は現代のように、資格だ、許可だといった面倒な事はほとんどありませんでした。得意な物を作って売るなどは、大家さんに届け出て、自分がやる仕事の筋の親方に挨拶をして始められます。筋を通すのが大事で、誰にでもチャンスがありました。

落語「厩火事」のお崎さんは年下の亭主を養っている女髪結い。亭主を養えるほど稼ぎがあります。女髪結いは、得意先に出向いて髪を結います。時代によっては幕府から禁止令が出ましたが、そんなことはどこ吹く風と内緒で商売をしています。

自分で結うより一段と綺麗な仕上がりになるのですから、客が離しません。天明の頃で一回二八文（約七〇〇円）。

## 娘たち

女たちが髪型、着こなしなどの手本にするのは、錦絵などを見て美しい花魁、〇〇小町。今でいうアイドルで、ファッション雑誌を見るのと同じです。女も粋で気風の良い、江戸っ子気質がある人がモテたようです。

「宮戸川」船宿屋の娘、お花もそんなおきゃんな娘、自分の思いに真っ直ぐで素直。「転宅」のお梅のような姉さんは婀娜《あだ》ないい女。往来で「ちょいと御免なさいよ」と、退かされると男はしびれたものです。たくましく大らかな女たち。江戸の空気感が伝わります。

# 子供は町の宝 皆で育てる

黒船で有名なペリーが日本について驚いたと記しているのが、銭湯の混浴はさておき、安価で大量に本が売られていることと、教育の普及ぶりでした。江戸後期に来日した多くの外国人が、日本の子供たちが男女問わず読み書きを習い、下層階級の人々さえ手紙を書くことに驚いたと記しています。

子供の死亡率が高かった江戸の町では、子供は家の宝だけでなく、次の江戸を、国を担う宝だという共通認識のもと、子供を大切に育て、子供と一緒に暮らしを楽しみ、町ぐるみで子供の成長を見守りました。お産婆さんをはじめ、へその緒を切り取る「取り上げ親」、出産直後に赤子を抱く「抱き親」、「寿限無」のような「名付け親」など、様々な大人たちが「仮親」となって子育てに関わっていたのです。子供の誕生と節目の祝い事には必ず集まり、酒宴を開いたといいます。ワンオペ育児という言葉まである現代の状況とは、かなり違いますね。

五歳までは家庭でしつけられ、それ以降は寺子屋の師匠が教育に加わります。寺子屋では男女や身分も問わず、読み書きそろばんを中心に学びました。「嫁しては夫に従い…」という時代に、女子に学問なんてと意外な気もしますが、「手習いは男女とも一生の宝であり、幼いうちに習うべきである。とくに女は嫁いで子持ちになってからでは、習う時間がないから」と江戸時代の書物にあります。寺子屋の師匠には男性だけでなく、女性もいました。師匠とのつきあいは家族ぐるみで、生涯にわたって続いたといいます。

# べらめえ口調で江戸庶民に近づく

士農工商の身分制度が言葉まで も左右したようで、「たらちね」はそれをテーマにした落語です。長く屋敷奉公をした女性が長屋住まいの八っつぁんのところに嫁に来て、言葉がちんぷんかんぷんで八っつぁんが困るという噺。落語に出てくるべらんめえ口調をご紹介しましょう。ちょっと荒っぽい言葉が多くなってしまいましたが、知っていると、落語がもっと楽しめるはずです。

＊「あたぼうよこちとら江戸っ子」当たり前だべらぼうめ。

＊「この丸太ん棒め」血も涙もない心のない野郎。

＊「てめえはあかにし屋だ」ケチなしまり屋。

＊「この、ちゃらぽこ野郎」口から出まかせを言う奴。

＊「しゃらくせい奴だぜ」生意気な奴。

＊「この、すっとこどっこい」この馬鹿野郎。

＊「まぁそう中腹《ちゅうはら》を立てるな」短気のこと。

＊「団十郎を決めてくるぜ」暴れこむさま。

＊「鉄火といやぁ深川だろ」鉄火肌、威勢がいい人。

＊「やった！しめこのうさぎ」しめた！うまくいった。

＊「あれは、りゃんこだよ」侍、武士、二本差しのこと。

＊「これで、おつもりだよ」宴会のお開き、最後の盃。

＊「家の娘、はねっかえりだ」向こう見ずな人。

＊「あーもう、やかんの蛸だ」手も足も出ない。

＊「あたしを、おこわにかける」一杯くわせる。騙《だま》す。

＊「ざっかけない人だよ」気取りのないこと、物や場所にも。

あめ
雷門

テーマで落語を楽しむ 5

# 江戸っ子の遊びあれやこれや

江戸っ子は娯楽や遊びもバラエティーに富んでいたようです。娯楽は花見に相撲、芝居観劇、そして落語。趣味は囲碁、将棋、あくびの指南所も。豊かな暮らしに思いをめぐらしてください。

六部

# 花見の仇討

はなみのあだうち ― Hanami no adauchi

**江戸の頃の花見は、花を愛でるだけではありませんでした。庶民が演じる劇場でもあったようです。**

こんな噺

我が国には春夏秋冬があり、それぞれに楽しみがございます。中でも春の花盛りは江戸っ子にとっては格別。

桜花《さくらばな》咲けば心はうきうきと

銭湯で上野の花の噂かな

お花見は余興や趣向を競い合い、道行く見物客を驚かせたり感心させたり、目立ちたがりの連中が揃って出張ってまいります。

桜も満開を迎え、目立ちたがりの危なっかしい四人組、今年の花見の趣向はどうしようと打合せをしております。

「せっかくだから大掛かりにいこう。親の仇を討つという、劇に仕立てて周りの皆をびっくりさせよう」と趣向が決まりました。さて、その劇とは…。

―仇の役が煙草を吸っているところへ、巡礼姿に身を隠して仇を探している兄弟役が来る。煙草の火を借り顔を見て、仇と知って斬り合いに。そこに止めに入ったのは六部。全国六十六ヵ所を巡礼する修行僧で、これが一番の大役。六部の仲裁で三人が刀を引いたら、

「後日、遺恨を含まぬため、仲直りの御酒一献差しあげたい」

「よろしきようにお任せ申す」

と。六部は三味線を出してかっぽれを踊り、他の三人も芸を見せれば、これが趣向とわかり、やんやの大喝采――というシナリオです。

仇の役　仇を討つ兄弟役

役が決まって稽古もし、さあ本番当日。各々衣装を身に纏《まと》い、道具を持って花見の場へ。

仇役は早々に予定の場所に着き、煙草を出し役になりきっています。巡礼役は向かう途中でお武家に会い、身なりと荷物を疑われ、流石に趣向とは言いづらく役柄を演じたが、これを信じてしまったお武家、

「仇討の相手方を見つけた時には助太刀を致すぞ」

と言い残して去っていきました。

一方六部役も災難に。こちらは向かう途中で叔父さんに見つかり、家出とすっかり誤解されて、家まで連れ戻される羽目に。耳が遠い叔父さんには話が通じない。酒を飲まされ酔いつぶれて、とうとう高いびき。

早々に着いていた仇役は、煙草を吸って待つうちに、ヤニで顔色が真っ青に。そこに巡礼の兄弟役が到着。遅れたことを謝り、さあ始めよう。巡礼二人の声掛けをきっかけに、茶番劇の幕開けです。

「火をお貸し願いたい」

「やや、おぬしは親の仇、ここで会ったが百年目、いざ仇討ち！」

と始まった。稽古のかいもあると見え、その斬り合いは迫真で、刃物沙汰だと周りの人は一度は逃げるものの、気になってどんどん集まり、人だかりができました。しばらく斬り合ううちに…。

「なんだか様子がおかしいぞ」

「六部役はどうなっているんだ」

止めに入る六部が来ないものだから、仇を打つ側も打たれる側も双方で相談しながら斬り合うさまは、さすがに見物客にも変に映り、みな目が離せません。そこに巡礼役に絡んだお武家がやって来ます。

「やあやあ巡礼兄弟よ、ようやく仇に出会ったか。旅は道連れ世は情け、助太刀いたす！」

太刀を抜きかかってきたからびっくり。仇役はもちろん、巡礼役まで逃げ出して、すっかり誰も居なくなる。駆け出す後ろ姿に向かって、お武家が声をかける。

「これ、巡礼兄弟逃げるに及ばんぞ。わしがついておる。勝負は五分だ！」

「いえ、肝心の六部が参りません」

六部：正式は六十六部で、修行僧。江戸時代以前、法華経六十六部を一部ずつ日本六十六ヵ所の国分寺に奉納して歩くことからこの名に。

**豆知識**

**「花見の仇討」の舞台はどこ？**

江戸時代、庶民の楽しみのひとつが花見。上野は江戸初期からで、飛鳥山、隅田堤、御殿山は八代将軍吉宗の頃に整備されました。では、この「花見の仇討」はどこの桜の名所が舞台だったのでしょう。答えは、多分ですが「飛鳥山」。飛鳥山はその地形的条件から、「花見の仇討」のように素人芝居を演じるにふさわしく、芝居ランドだったのでしょうか。

浪人
巡礼兄弟
やじ馬
武士
花見の仇討
酒

# 花筏
はないかだ — Hanaikada

**ただの相撲好きが、関取をまねて相撲をとる羽目になりました。さて、その勝敗は…。**

こんな噺

江戸時代になると浪人や力自慢の中から相撲取りになるものが現れ、また、定期的に興行が行われるようになると、人気が急上昇しました。

相撲と酒が大好きとあって、でっぷり太った立派なおなかの提灯屋。ある日、訪ねて来たのが贔屓《ひいき》の相撲部屋の親方。

「巡業についてきてはくれないか？」

「巡業先で提灯貼れというんですか？」

話を聞けば、部屋の大関花筏が病で巡業に行けず、ならば前金を返してくれと巡業先の世話人が言ってきたという。前金はすでに医者や薬に使いはたし返せない。巡業先は花筏の顔を知る人もいないから、代役立ててごまかし通すという算段だという。その代役を提灯屋に頼むと。土俵の脇で相撲見て、手間代も飯、酒も出るという、「うまい話だ」と提灯屋、すっかりその気になりました。

巡業先の力自慢、千鳥ヶ浜は本職相手に連戦連勝。千秋楽の大一番は、提灯屋が千鳥ヶ浜と取組をすることに。これを知って、怯えあがった提灯屋、今更逃げ出すわけにもいかず、親方にお知恵拝借。

「力が出ないふりをしろ。はっけよいで手を突き出して指先触れた瞬間に尻もちつけ」

千鳥ヶ浜の方はといえば、父親に「本職が負

けっぱなしの訳がない。土俵の上で仕返しされる、投げ殺される」と脅されて、すっかりやる気は失せてしまう。ところが結びの大一番、そこは大好きな相撲、親父の小言もどこへやら、やる気で土俵に。

可哀そうなのは提灯屋、投げ殺されると思うと涙も出てきて「南無阿弥陀仏」。それを聞いた千鳥ヶ浜、「これから俺を投げ殺すつもりで念仏を唱えてる!」。こちらも涙が出てきて「南無阿弥陀仏」。

こんなに陰気な相撲はないと、行事が呆れて適当に「はっけよい!」と軍配返す。提灯屋は合図に合わせ、手を突き出して突っ込んだ!千鳥ヶ浜はどうしたことか、ぼんやりと立ち上がったが運の尽き。目玉に指が入り思わずひっくり返ります。

「勝負あった! 花筏!」

割れんばかりの歓声!。

「さすが大関、張りて一発だ! 張るのが上手い」

張るのがうまい? それもそのはず、彼は提灯屋さんです。

# 愛宕山

あたごやま — Atagoyama

**お金欲しさに危険を冒したが、命大事で、肝心のお金を手に入れることができなかった幇間《ほうかん》の噺。**

こんな噺

「幇間」は宴会のお座敷で座を賑やかにし、芸も披露。「太鼓持ち」とか「男芸者」ともいわれます。「幇」は助ける、「間」は人と人との間という意味。まさにそういう仕事をする人です。

幇間の一八と繁八、旦那について舞子やらと京都見物。旅のついでに愛宕山に登ってお参りをしようと旦那の一声で決まったものの、一八は嫌々ながらも断れない。ヒイヒイ言いながらやっとの思いで山頂にたどり着いたが、身体はボロボロ。

さて、愛宕山の楽しみは「かわらけ投げ」。これは一つの願掛けで、崖の遠くにある輪の的に、素焼きの皿を投げ込んで、入るかどうかで占うもの。ところが旦那は金持ち了見、皿では願が足りないと、小判をどんどん投げ込みます。これをもったいなさそうに見ている一八。一八に旦那が、

「そんなに金が欲しいなら崖の下まで行ってこい、拾った金はそっくりお前にあげますよ」

と。聞いた一八、茶店の婆さんに谷までの道のりを聞くと、谷までの道は三里半、熊や狼が出るという。それでもあきらめきれない一八。婆さんから傘を借り「清水の舞台から飛び降りるぞ」と、傘を手に落下傘の要領で崖の下まで飛び降りた。

「旦那、お金がありました。頂きます！」

「それはいいけど一八よ、どうして戻ってくるんだ？」

聞かれた一八、はたと気がついた。ここは谷底、上がるすべはない。熊や狼に出合ったら、それこそ命をなくす。しばし考えた一八、着ていた着物をビリビリと裂き始めました。切り裂いた布で縄《なわ》を撚《よ》り、崖壁に生えた竹に括《くく》りつけ、力いっぱい引っ張ってしなりをつけた反動で、ヒューっと崖の上へ。

「一八お前は偉い！　生涯贔屓にしてやるぞ」

「旦那、ありがとうございます」

「金はどうした？」

「置いてきちゃった」

MT
ATAGO

# 笠碁《かさご》 ― Kasago

**親友と呼べるのは碁敵だけという**
**大店の旦那ふたりの噺。**
**碁敵は憎さも憎し懐かしし―**

こんな噺

江戸に住む旦那衆の趣味は俳諧、連歌、浄瑠璃、囲碁、将棋、釣りと実に多彩だったようで、加えて、歌舞伎芝居、寄席、相撲を楽しんでいたようです。

大店の旦那が二人、相模屋さんと近江屋さん、毎日会っては碁を打つ親友。ある日のこと、碁の先生に腕が上がってないと指摘された相模屋さん、訳を聞くと「待った」をする碁を打っているからだといわれます。翌日、

「今日は待ったなしでやりましょう」

と約束して始めますが、あっという間に「待った」をかける相模屋さんに、

「あなたが言い出したことだからそれはダメです。許しません」

と近江屋さんの抗議がきっかけで、

「二度とお前と囲碁を打ちません」と喧嘩別れ。とはいうものの三度の飯より碁好きの二人、直ぐにウズウズして落ち着いていられません。雨の日はなおさらで、我慢の限界の相模屋さん。

被《かぶ》り笠《がさ》をして近江屋さんを訪ねますが、なかなか声をかけられず、店の前を行ったり来たり。これを見ていた近江屋さん、しびれを切らして、一言声をかけます。これがきっかけで、すっかり元に戻った二人。碁打ち始めたら、なぜか碁盤が濡れている。雨漏りか？　あれ？

「お前さんまだ笠かぶったままだよ」

# 庶民のお楽しみ江戸の娯楽

## 宴を楽しむ花見

待ってました! 江戸の春。

早春の梅の花見に始まり、若草摘み、潮干狩りとイベント目白押し。なかでも庶民が楽しみにしていたのが「桜」です。

徳川家の菩提寺・上野寛永寺に奈良の吉野山の桜が移植され、早咲きの彼岸桜から八重桜まで一ヵ月ほども楽しめたそう。その後、八代将軍・吉宗が飛鳥山、御殿山、隅田川堤などに桜を植え、人気の花見スポットに。

女性たちは、意匠を凝らした「花見小袖」で着飾り、まさにファッションショー。桜の木にその小袖を吊るして幕のようにし、花見弁当やお酒を持ち寄って宴を。これとあまりに違うのが「長屋の花見」。たくあんを卵焼き、番茶の水割りをお酒に見立ててさみしい宴会です。

## ファンが熱狂相撲

現在のような丸い土俵があり、人気力士が活躍するような形になったのは、実は江戸中期から。江戸初期には、寺社の修繕費用を集める「勧進相撲」が主で、人気はイマイチ。両国の回向院で春と秋の晴れた日に開催されたり、「花筏」のように地方巡業も行われるようになると、急速に人気が高まりました。

各藩お抱えの力士の中でも人気は松江藩の雷電為右衛門。生涯成績は二五四勝十敗二分。現役生活二一年の中で負けたのはたった十回。人気力士には熱狂的なファンも多く、相撲には喧嘩がつきものだったとか。

## 江戸のヒーロー
# 歌舞伎

武士から庶民まで江戸っ子の最大の楽しみといえば芝居見物。落語はちょっと負けてますね。女性が舞台に立つ女歌舞伎や、美少年による若衆歌舞伎などが流行しますが、幕府に禁止されると、成人男性による「野郎歌舞伎」が主流に。とくに豪快で派手な大立ち回りを得意とした市川團十郎は、江戸っ子のヒーロー。落語の「四段目」「七段目」のように、日常会話を台詞調で話すという、芝居狂いの庶民もいたようです。

芝居は朝六時頃から夕方四時頃まで一日じゅう行われました。

## 庶民が気軽に行ける
# 寄席

船宿や茶屋などで落ちのある滑稽な噺を聞かせていたものが、江戸の半ば頃から専用の演芸場、いわゆる「寄席」で開かれるように。文化・文政期には身近な娯楽として隆盛を極め、文化元年には約三〇軒だった寄席が、文政末期には約一三〇軒にもなりました。

江戸の職業落語家の元祖といわれる三笑亭可楽をはじめ、役者の身振りをまねるのが得意な者や、仕掛けや人形を使った怪談噺が得意な者など人気の落語家が続々と生まれ、二つ目、真打などの階級もありました。

## 一度は行きたい
# お伊勢参り

寺社へのお参りなど日帰りの名所めぐりが庶民の楽しみになってくると、やがて千葉の成田山や、神奈川の江ノ島などに三泊四日ぐらいの小旅行を楽しむようになります。

江戸後期になると『東海道中膝栗毛』が旅行ブームに火をつけ、「お陰参り」と呼ばれる伊勢神宮への参詣が大流行。グループで費用を積立て、くじ引きで当たった人が伊勢参りに行ける「講《こう》」が出来、沿道の商店などが無料で食べ物や草鞋《わらじ》を振る舞ったため、貧しい者でも女性一人でも伊勢参りが出来ました。

江戸瓦版

# 江戸人は趣味に夢中！

落語には多くの趣味人が登場します。囲碁、将棋、雑俳と、趣味を挙げたらきりがないほど。江戸時代は現代に比べ、如何にゆとりがあったかがうかがえます。

また、子供の頃から稽古ごとに通うのは、特別ではなかったことも関係しているのでしょう。謝礼も高くはなかったようです。ゆとりは自分でつくるものです。今持っている趣味以外でも、何処にいてもお金が無くても、人生を豊かにしてくれる趣味を持ちたいものです。

## 江戸っ子は芸達者

花見や何かの宴会で、芸の一つも出来ないと、悔しいのが江戸っ子です。

町内に大体一人はいた「五目の師匠」は、便利な師匠でした。元芸者衆や役者で、お年寄りでも踊り、小唄、三味線と何でも出来て、習いたい物だけいえば教えてくれます。落語の「稽古や」です。たまに、年増の師匠が町内に看板を出したとなると、大騒ぎして我先にと弟子に

こんな噺

【稽古や】

鳴り物を用いる音曲噺。噺家がのどを聞かせる噺です。間が抜けていて顔もイマイチの男、女にモテたいという、ただそれだけで、毎日稽古を致しますが、上手くならずに、勘違いされる噺。

【汲みたて】

五目の師匠はお年寄りと相場は決まっていますが、色っぽい年増の師匠が来たから町内は大事件。弟子の間で師匠の取り合いが始まります。

なる。「汲みたて」がまさにこれ。その日暮らしの裏長屋の連中でも、都都逸のひとつ位は考え出すのは当たり前。江戸には言葉遊びが通る、洒落の文化がありました。

「さよなら三角また来て四角」
「昨日は北（吉原の事）にくりこんだのさ」
「へぇ北が無けりゃお江戸は三角」

普段の会話の中にも、こんな言葉遊びが散りばめられていました。洒落が上手くなりたい人向けに、洒落指南所があったそうです。釣り指南、喧嘩指南なども。落語の「あくび指南」は、何でもありの指南所を揶揄《やゆ》した噺ですね。

## 江戸の芝居狂い

落語「四段目」「七段目」などは芝居をまねて、その中で生きている人の噺です。

芝居好きが高じると、世の中の全てがセリフになります。芝居ではないですが、義太夫に凝る人の噺「豊竹屋」。この人は、会話全てを義太夫にしてしまう。大袈裟ですが、そんな人いそうだなと思わせるのが、落語の世界です。

趣味を持つのは良いことですが、凝りすぎは要注意。どんなことでも、程々をわきまえるのが肝心です。

---

**あくび指南**

町内にできた「あくび指南」の道場に連れを誘って行ってみると、これが難しい。無理に誘われたほうは、待たされ、思わず…。
「あぁお連れさんは筋がいい」

**四段目**・**七段目**

両方の噺の主人公は、日常会話が歌舞伎の台詞調でしか話せなくなるほどの芝居好き。でも歌舞伎の台詞の調子って、気持ちいいですよね。私だけでしょうか？

**豊竹屋**

普段の会話を何でも浄瑠璃語りにしてしまう男を訪ねて来た男。何でも口三味線で、ちんツン合わす。類は友を呼ぶ。どこにでも友情の花は咲くんですねぇ。

あめ
祭
雷門

テーマで落語を楽しむ❻

# 江戸の町はモノノ怪がいっぱい

「江戸の町はモノノ怪がいっぱい」というよりは江戸っ子はモノノ怪話が好きなようです。幽霊から死神、狐に化かされる噺まで、怖いが恐ろしくない。周りを暗くしてお読みください。

# 王子の狐《おうじのきつね》

Ouji no kitsune

人間を化かすのが商売の狐ですが、
時には人間に化かされてしまうこともあります。

こんな噺

江戸に多いものは「伊勢屋、稲荷に犬の糞」といわれるほどに、お稲荷さんは江戸庶民にとりとても親しく信仰されていました。

王子稲荷に参拝に来たある男。狐が化けて女の人になるところに、ばったり出くわして悪戯を思いつきます。

「あれ！　そこにいるのはお玉さんじゃないですか！あなたもお参りに行くのなら一緒に行きましょう」

と知っている人のふりをして道連れに。お参りすませた帰り道。王子名物扇屋の二階座敷に陣取って、「一献いかが？」と誘います。上手く騙《だま》しているつもりの狐ですが、ススメ上手は男のほう。どんどんお酒を飲まされて、狐はすっかり酔って座敷で居眠りを始めます。

その隙を見計らい、男はこっそり抜け出して、「二階で寝ている女の人が勘定払う」と言い残し、まんまと店を後にします。

うっかり眠りこんでしまった狐は、ふと気がつけば一人きり。店の人に「お勘定を」と言われてびっくりした拍子に尻尾が飛び出し、店も狐も上を下への大騒ぎ。狐は二階の隅に追い詰められ、ぶたれるやら蹴られるやらのひどい目に。慌てて店主が止めに入る。

「王子稲荷の参拝客で商売しているのだぞ。お狐様をぶつなどいかん、逃がしてやれ」

狐はやっとの思いで巣穴へ。男の方はしてやったりと自宅へ帰り、自慢げに、兄貴分に話をすると
「なんてことをしやがった、お稲荷様のお使いのお狐様を騙すなど、この後きっと祟《たた》られる」

といさめられ、どうすりゃいいのかと考え込む始末。ここはひとまずお詫びをと、土産のぼた餅を買って狐の巣穴へ。出迎えた子狐に、

「お母さんによろしく」

とお詫びを言って帰ります。子狐は大喜び。

「おっかさん人間がくれたぼた餅だ！」

「待ちなさい、馬の糞かもしれないよ。人間共は、騙すからね！」

**豆知識**

**「狐の行列」と「扇屋」**


王子稲荷で毎年大晦日に行われる「狐の行列」には多くの観光客が訪れ、年末の風物詩に。

　また、「王子の狐」に登場する「扇屋」は実在する店で、創業は1648年。江戸の頃は料理屋として栄えていましたが、現在は厚焼き玉子専門の店として続いています。

# らくだ

Rakuda

いつの時代も嫌われ者はいるもので、図体ばかりが大きくて、役に立たないものを江戸ではらくだと呼んでいたようで。

## こんな噺

町内の鼻つまみ者で、らくだと呼ばれる大男がふぐに当たって死んでしまった。それを見つけた兄貴分の丁の目半次、葬式の真似事するにも金がなく、家の物を売り払うことを思いつく。通りかかった屑屋、呼び止められてドキッとする。なにしろここで声をかけられてろくな目にあった事がない。怯えて入るとらくだの死骸。

「えっ！　らくださん、死んだんですか、そりゃめでたい」

とうっかり口を滑らせた。半次に脅され、家の物を何か買えと言われたが、値をつけられるものがないと正直に言ったが運の尽き。

「長屋の連中に香典を出すように言ってこい」

脅されたから仕方なく、ぐるり長屋を一回り。長屋の連中は、怖い兄貴分に何をされるかわからないと渋々香典を出したが、大家は驚かない。

「あいつはここに越してきてから一度も家賃を払わない、らくだに払う香典は無い！」

と突っぱねた。屑屋はそのことを半次に伝えると、もう一度、脅してこいと。

「もし金出さなけりゃらくだの死骸にかんかんのうを躍らせる！　そう伝えてこい！」

そういってもやっぱり大家は驚かない。

「そんなもの見たことないから連れてこい」

半次はその気になって、無理矢理らくだの死体を屑屋に背負わせ、大家の所に運び込み、

「さあ、見たいと言ったから見せてやる！」

さすがの大家もこれには降参。

「酒と肴も届けると約束するから帰っておくれ！」

これに味をしめた半次、今度は八百屋へ棺桶がわりに漬物樽をもらいに行けと。樽をもらって帰ってくると、半次は酒を飲んでいる。逃げ出そうとするものの、「飲んでいけ」と詰め寄られ仕方なく飲み始めた。今度は半次が運の尽き。この屑屋、相当な酒乱だったから立場が逆転。屑屋に指図され、らくだの死体を樽に押し込み焼き場に担いでいくが、何しろ夜道、途中で死骸を落としてしまう。探していると、道端に酔いつぶれて寝ていた乞食坊主を、間違えて樽に詰め焼き場へ。ところが、焼き場の主も酒に飲まれてべろべろで、

「今から焼くぞ」と意気込んだ。樽に火をつけられたからたまらないのは、樽の中の坊主。

「熱いよおー、一体ここは何処だ！」

「ここは火屋（ひや）だ」

「ひや？　冷酒（ひや）でいいから、もう一杯」

かんかんのう：江戸時代から明治時代にかけて民衆により唱われていた。別名「看々踊（かんかんおどり）」。元歌は中国伝来で、歌詞の意味は把握せずに、語呂の響きを楽しんだようだ。

# へっつい幽霊《へっついゆうれい》 — Hettsuiyuurei

**へっついに隠した大金への未練で、へっついについて回っている幽霊。ちょっと滑稽な怪談噺です。**

**こんな噺**

江戸の道具屋は品揃いが豊富で、へっついまで扱っていました。いわゆるかまどで、鍋釜をのせ、下に薪を入れて火をおこし、煮炊きをする道具です。

裏長屋に住む博打打ち、道具屋でへっついを手に入れます。このへっつい、買う人皆が返品してくるという曰くつき。買った客にわけを聞くと、へっついから幽霊が出るという。道具屋に「金をやるから絶対に返品しないでくれ」と頼まれ、近所の友だち引き連れて、受取るものの置く場所に困ってしまい、嫌がる友人宅に置いてくる。

その晩、くだんの友人がやって来て、「やっぱり幽霊が出た」と言う。幽霊くらいじゃ驚かない博打打の男。へっついを前にして、早く出てこいと凄みをきかす。すると、すごすご出てきた幽霊、話を聞いてくれる人に初めて会ったと喜び、わけを話し始めます。

なんでも幽霊は生前、左官を生業にしていたが、好きな博打がたたってすってんてんに。ところがある日博打で大勝利。三〇〇両の大金を手に入れるとかえって怖くなり、取られる恐れのないところ、へっついの中に埋め込んだ。仕事が左官だから造作ない。ひと安心と思ったその晩に酒を飲み、川に落ち死んでしまったが、三〇〇両の未練があり、へっついに取りついていると言うのです。これを聞いた博打打ち、

「俺が買ったへっついならば、三〇〇両も俺の物」

と言いたいとこだが、博打で金の持ち主を決めようじゃないかと提案。それにのった幽霊は、丁半の一発勝負でいこうと。ところが外れてしまう。

「ねぇ親分、もう一回だけ勝負してくださいましな！」

「何を言うんだ。おめぇは金がないだろう。足が出るぞ」

「あっしは幽霊、足は出しません」

# 死神《しにがみ》 ― Shinigami

**せっかくもらった超能力をありがたく生かせばよいものを、欲をかいたばかりに…。欲張りはろくな目に合わないというお噺です。**

こんな噺

江戸時代には資格のない医者も結構いたようで、死神と手を組んで医者になるという、こんな噺も生まれるわけです。

すっかり金に困り果て、かみさんにまで、「金が出来なきゃ死んじゃえ」と言われた亭主。なんだかその気になって、松の枝に首をくくろうとしたところ、薄汚れた老人に声をかけられたが、なんとその老人の正体は死神。「縁（えにし）があって呼び止めた、お前に仕事をくれてやる」

話を聞けば医者をやれというのだが、何にも知らない素人で、どうすりゃいいかかいもくわからない。

「心配するな、俺が教えてやることは、死神を消してしまうと言う術だ。病人の傍には必ず死神がいて、足元にいる死神は呪文を言えば消えてしまい、病は回復。頭の傍に死神がいたらそいつは寿命だ諦めろ」

　早速、家の外に「いしや」と書いた看板を掲げると、男が訪ねてくる。

「こちらはお医者ですか？　石屋ですか？」

「うちは医者だよ！　すぐ行くよ！」

　病人の足元に死神がいるので、呪文を唱えて死神を消すと、病はすっかり治りました。

　この評判を聞きつけて、客がどんどんやって来てあっという間に大金持ちに。気をよくした亭主、遊び惚《ほう》けて、あげくのはてに金を盗まれすってんてん。家族も出て行きすべてを失ってしまった亭主だが、心を改め、もう一度医者をやり直すことに。

　久し振りの客は大金持ちの大旦那で、助ければ千両くれるというものの、頭の傍に死神がいるではないか。欲が出た亭主は、布団の上下をくるりと回し、呪文を唱えて、死神を追い出した。金をもらって上機嫌な帰り道、最初に会った死神に呼び止められ、三途の川の中州に連れてこられる。そこには無数のろうそくが。

「これは人の寿命だ、お前の物はこれだけだ。あの旦那と取り換えてしまったからは、もう戻せない」

　見れば今にも消えそうで、半分くらい残されたろうそくを渡されて、

「さあ早く火を移さないと消えるぞ。消えたら死ぬぞ」

「うるさいよ！　あぁ、消えるか。あ、ついた。ハックション！」

「自分で消しやがったな。馬鹿な奴め」

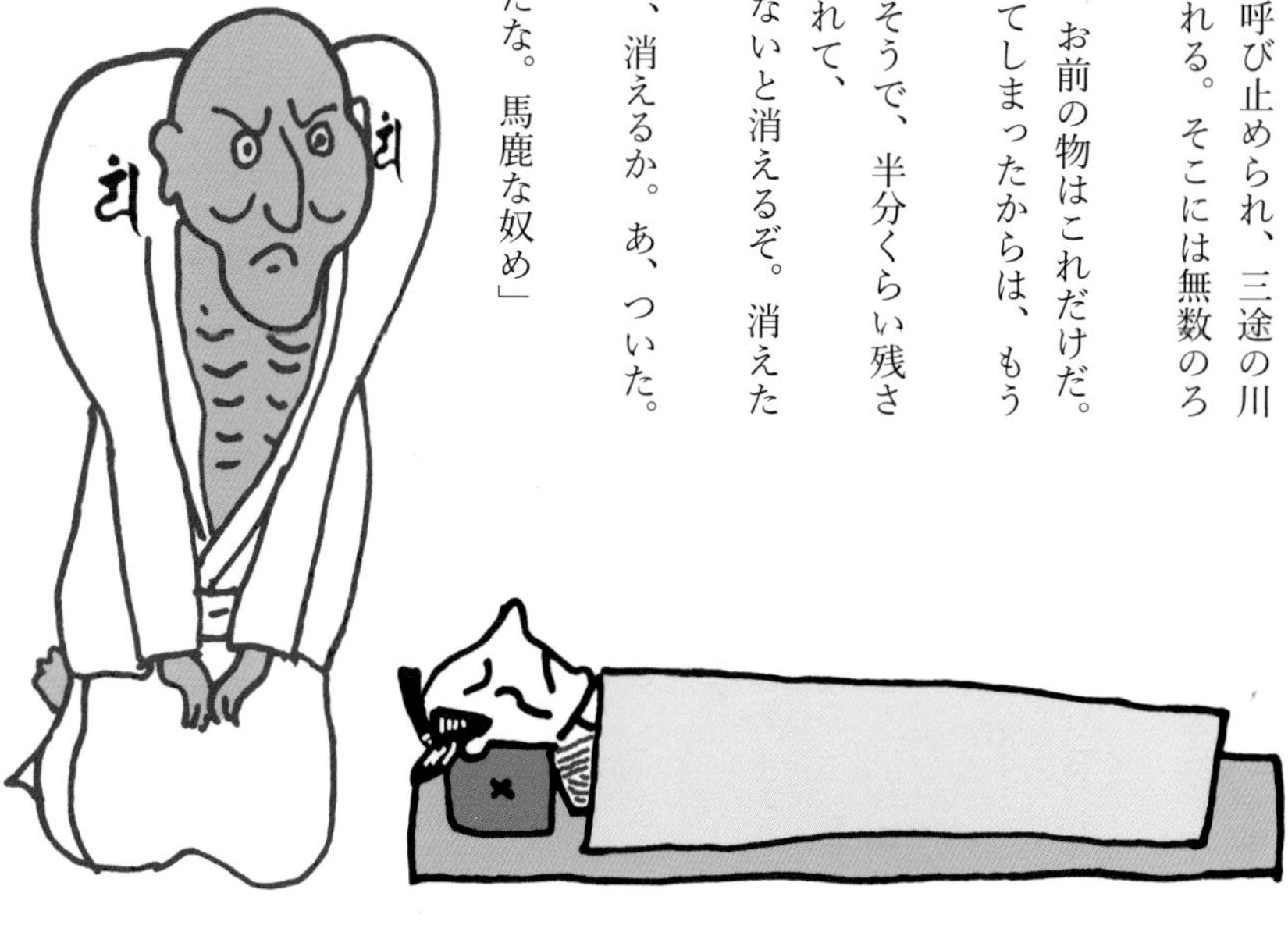

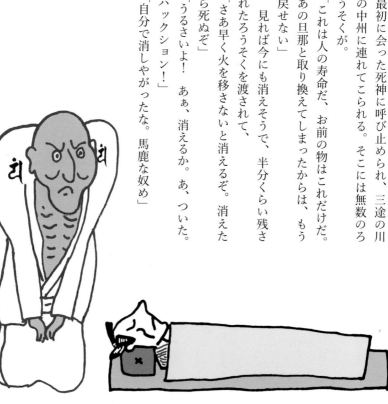

# お血脈《おけちみゃく》 ― Okechimiyaku

お血脈のご利益で極楽に行く者が多くなり、困ったのは地獄の連中。さて、これを挽回する策は…。

こんな噺

昨今「御朱印女子」という流行りがございますが、江戸の頃とて同じ。旅に出るのは大変だった江戸時代も、信心が目的となると容易に手形がもらえたそうです。人気があったのは信濃の善光寺。本尊阿弥陀如来のご利益は絶大で、どんな罪があっても極楽往生できるという有り難い御朱印を頂こうと、多くの人が善光寺を目指し、まさに門前市をなすという塩梅でした。

近頃の地獄は超不景気風が吹き荒れて、閑古鳥が鳴いています。目ぼしい物は古道具屋や質屋へ持って行き、果ては鬼の金棒までも売り払う始末。鬼たちは腹をすかせて、もうフラフラ。

困った閻魔大王はそのわけを調べてみると、善光寺のお血脈の印に行き着いた。この印を額にひとつ押された者は誰でも極楽浄土に行けるとあって、地獄に来る者がいなくなったのです。

閻魔大王は、見る目嗅ぐ鼻、牛頭に馬頭、赤鬼青鬼など地獄で働く者を集めて会議を開きます。ある部下が、「大泥棒を雇って、お血脈の御印を盗み出してしまおう」と提案。この案が満場一致で決定。次なる議題は、その役を誰に任せるかです。大泥棒といえば、知らぬ者はいない石川五右衛門。人格力量、人気もピカイチということで、満場一致で石川五右衛門に白羽の矢が。さて当の五右衛門はというと、地獄の釜の中ゆったり浸かって、都都逸なんかを唄って呑気にしていましたが、大王からのお召しと聞いて、黒の三枚小袖、朱鞘《しゅざや》の大小、素綱《すあみ》に着替えて、重ねわらじで六方を踏みながら、威勢よく参上。

「お前を大泥棒と見込んで、お血脈の印を盗んで来い。やってのけたら重役にしてやる」

「ハハ！　いとやすきことでございまする」

五右衛門、久しぶりにシャバに舞い戻る。昼間のうちに参詣のふりをして善光寺に入り込み、夜中に奥殿に忍び込んでお血脈の印を手に入れました。そして見栄を切って、お決まりのセリフ。

「ありがてえ、かっちけねぇ〜！　まんまと首尾よく忍び込み、奪いとったるお血脈の印。あっ！これせ〜あれば大願成就〜！」

五右衛門、自分の額に押し当てたから、そのまます〜っと極楽へ。

朱鞘：朱塗りの刀の鞘（さや）。
素網：武士や盗賊が着る、黒絹糸を網状に編んだシャツ。

火の用心

# 質屋蔵

しちやぐら ― Shichiyagura

**質屋の蔵に幽霊が出るらしいということで、幽霊退治に駆り出された番頭さんと八っつぁん。その幽霊の正体とは…。**

こんな噺

江戸時代も質屋は庶民の味方でしたが、見栄っ張りな江戸っ子、質屋を「七ツ屋」（ななつや）、質入れを「曲げる」といっていたそう。「曲げる」は「七」の二画目が曲がっているから。

とある質屋の番頭さんが旦那に呼ばれて話を聞けば、なんでもお店の裏にある蔵が毎晩騒がしい、という。朝開けてみても荒らされた様子もないから泥棒ではないらしい。さあそうなると残るは、怪しい物か…。草木も眠る丑三つ時に騒ぎ出すというのは、預かり物の中に曰くつきのものがあり、幽霊になってお出ましか…。

旦那からどうにかしろと言われたが、お化け退治は専門外。番頭さんも怖くなり、さすがに一人は嫌だからと、出入りの職人八っつぁんを呼び出し助けを求めます。

八っつぁんも嫌々だけど、酒肴を出されたからには渋々と一緒に夜を過ごすことに。夜が更けるにつれ、強気なことをいっていた八っつぁんもだんだんと怖くなり、番頭さんと二人してガタガタ震えながら酒を飲み、気を紛らわせているものの、用を足すのも一人じゃ怖い、手に手を取って行く始末。

さて夜も更けて丑三つ時。戸が軋《きし》むのも怖いのに、突然蔵の方から大きな音が。やっぱり出た！　どんなに怖くても見に行かなければ仕事にならない二人。手に手を取って蔵を目指します。

「ええいままよ！」

と戸を開けて、中の様子を見てみれば預かり物の大宴会。二人が唖然としていると、菅原道真《すがわらみちざね》公の絵が描かれている掛軸が声をかけてきて。

「番頭さん、すまぬがわしの持ち主に早く金を返すよう伝えてくりゃれ。どうやら今度も流されそうじゃ」

江戸瓦版

# 江戸っ子はモノノ怪が好き？

## モノノ怪の落語的見方

江戸人の生死感、人間以外の動物との距離感は現代人より身近であったのは当然といえるでしょう。自然に囲まれ、日が落ちれば暗闇になり、遊郭や大店に行かなければ、家庭では行燈、蝋燭の小さな灯りしかなかった環境で生活していたのですから。

今では解明されている化学現象も、モノノ怪の仕業に違いないと思うのも道理でしょう。人の心に傷として残る後悔や無念が、幽霊に姿を変えることもあります。

落語では少し見方が異なる噺が多くあります。「へっつい幽霊」や「お菊の皿」、「野ざらし」でもわかるように、あの世とこの世は紙一重。現世とあの世は同時進行してるが如くという噺です。「お菊の皿」や「野ざらし」では、主人公の幽霊はアイドルの扱いです。また、動物の狸、狐が人を騙《だま》す噺や恩返しをする噺もいくつもあり、そこからは、動物と共存し生命を敬って

こんな噺

**【お菊の皿】**
怖い物見たさの江戸っ子。古井戸のお菊さんはアイドルスターに。

**【野ざらし】**
ある浪人、骸骨を見つけ、回向して帰ると…。幽霊の恩返しの噺。

**【安兵衛狐】**
「私はゆう、おれいに来ました」ゆう、おれい「幽霊じゃねえか」。

**【狸賽　狸札】**
両方共狸の恩返しの噺です。片や

いたことが感じられます。狐なら お稲荷様の使い姫「王子の狐」や狐と幽霊を女房にした「安兵衛狐」などでもわかります。

狸も負けてはいません。現在の高級住宅地麻布狸穴は読んで字の如し、狸が多く住む場所でした。「狸賽《たぬさい》」「狸札」などからは、狸と仲良く共存していた雰囲気が伝わってきます。

人間ばかりの環境の方が、もしかしたら変なのかもしれませんね。

## 生きている人がモノノ怪

落語では、幽霊よりも生きてる人が本当に怖い。ゾっとする噺が多いように思います。

「黄金餅」、「らくだ」、「もう半分」などは、ゾ～ッと背筋が寒くなります。

質屋の蔵で質草たちが宴会を開くという「質屋蔵」。「質屋蔵」のように人の思いが物に取りつくという話は、昔から古今東西であるようです。西洋でも呪われた宝石とか、持つと不幸になる○○など、見た目や歴史が異なっても、人の心は大差ない気がします。

喜びを共有するのは素敵なことですが、恐怖を共感するのも、お互いに理解し合うひとつのツールかもしれません。

怪談噺は奥が深い！　と思いませんか？

サイコロ、片や札に化けて一生懸命に頑張ります。

**【黄金餅】**

金に執着するエセ坊主。死期が迫っているのを感じ、自分の銭を餅に包んで次々飲み込む。それをのぞいていた隣の男、恐ろしい悪だくみが始まります。

**【もう半分】**

夫婦二人で営む小さなボロ居酒屋。毎日閉める間際に来る棒手振りの爺いが忘れた大金を、二人がネコババします。他に客はいなかった。「娘を売った金、お前らが取ったのだ。怨みはらさでおくべきか！」と、爺いは身投げをします。このままですむわけがありません。

# あたま山

Atamayama

**ケチな男の頭は花見の山に、行楽の池に。これではゆっくり落語が楽しめないと…。**

「もったいない」と物を大事に使う江戸庶民の生活振りには拍手ですが、この男は食べるのもおしいというケチ男。趣味は落語。ブツブツと一人落語をしながら歩いていると、さくらんぼの種が。「こりゃいいものを見つけた」と泥も払わず食べまくる。すると種は腹の中に根を張り、やがて頭の上に芽を出して、春になるとついに花が咲き、「あたま山」の桜は評判になり、花見山に。

　歌えや踊れやの連日お花見騒ぎ。落語も楽しめないと頭にきたケチ男。「うるせぇ」と、頭を思い切り振ると、「地震だ！」と花見客は一目散。男は怒った勢いで、桜の木を引っこ抜いてしまいました。

　頭の真ん中には大きな窪みが出来、夕立で雨水がたまり、まるで池の風情。「この水は何かに使えるだろ」と、ケチな男は捨てずにおくと、やがてボウフラがわき、鮒や鯉が泳ぎ、それを見た子供たちは「釣り場だ！　釣りをやろう」と。夜には大人までが夜釣りにやって来て、ボートまで持ってくる始末。こううるさくては落語も出来ないと、池にドボーン。

　これでゆっくり落語が楽しめる。

これでゆっくり落語が楽しめる！

終

東京落語絵地図
吉原
浅草
浅草演芸ホール
浅草公会堂
文七元結 P32
明烏 P40
錦の袈裟 P42
三枚起請 P55
上野
鈴本演芸場
上野の桜
東京スカイツリー
隅田川
舟徳 P86
黄金餅 P139
両国
幾代餅 P46
富岡八幡宮
たがや P31
お神酒徳利 P104
三方一両損 P14
神田
東京
明治座
歌舞伎座
新橋演舞場
佃祭り P31
佃住吉神社

天狗裁き
P98
高尾山
池袋演芸場
王子の狐
P126
王子稲荷
飛鳥山
花見の仇討
P110
山手線
駒込
池袋
都庁
新宿末廣亭
新宿
オリンピック
スタジアム
ミッドタウン
江戸城
（皇居）
東京タワー
国立劇場
渋谷
増上寺
新橋
目黒のさんま
P72
目黒
目黒不動尊
徂徠豆腐
P26
芝浜
P90
品川心中
P36
品川

著者
美濃部 由紀子 Yukiko Minobe

五代目古今亭志ん生の長男、十代目金原亭馬生の次女として台東区谷中に生まれる。実の姉は池波志乃、長男は二つ目金原亭小駒。一般社団法人日本文化推進企画を設立。江戸落語の普及につとめる。『志ん生が語るクオリティの高い貧乏のススメ』（講談社）、『噺家が詠んだ昭和川柳』（メイツユニバーサルコンテンツ）等。

イラストレーター
辻村 章宏 Nobuhiro Tsujimura

大阪府出身。阪急百貨店企画宣伝部を経てフリーに。絵本、流通、ファッション、イベント等様々なジャンルのイラストレーション、ポスターデザインを手がけ、多数の受賞歴を持つ。元・日本グラフィック協会会員。ICOGRADA会員。展覧会多数。趣味は世界グルメの旅。『歌舞伎キャラクター絵図』（メイツユニバーサルコンテンツ）等。


Staff

| | |
|---|---|
| 編集 | 森下 圭　Kei Morishita　松崎みどり　Midori Matsuzaki |
| デザイン | KUMANOKO STUDIO |
| DTP | 高道正行　Masayuki Takamichi |

**落語 キャラクター絵図 厳選40席の楽しみ方**

2020年8月15日　第1版・第1刷発行

著　者　美濃部由紀子（みのべゆきこ）
イラスト　辻村章宏（つじむらのぶひろ）
発行者　株式会社メイツユニバーサルコンテンツ
（旧社名：メイツ出版株式会社）
代表者　三渡　治
〒102-0093東京都千代田区平河町一丁目1-8
TEL：03-5276-3050（編集・営業）
03-5276-3052（注文専用）
FAX：03-5276-3105
印　刷　三松堂株式会社



◎「メイツ出版」は当社の商標です。

●本書の一部、あるいは全部を無断でコピーすることは、法律で認められた場合を除き、著作権の侵害となりますので禁止します。
●定価はカバーに表示してあります。
ⓒオフィスクリオ,美濃部由紀子,2020.ISBN978-4-7804-2362-4 C2076 Printed in Japan.



ご意見・ご感想はホームページから承っております。
ウェブサイト　https://www.mates-publishing.co.jp/

編集長：折居かおる　副編集長：堀明研斗　企画担当：折居かおる